中国人工智能上市企业分析报告

赵志耘 等 著

·北京·

图书在版编目（CIP）数据

中国人工智能上市企业分析报告 / 赵志耘等著. —北京：科学技术文献出版社，2021.6
ISBN 978-7-5189-7815-1

Ⅰ.①中… Ⅱ.①赵… Ⅲ.①人工智能—上市公司—研究报告—中国 Ⅳ.① F426.67

中国版本图书馆 CIP 数据核字（2021）第 071867 号

中国人工智能上市企业分析报告

策划编辑：周国臻　　　责任编辑：宋红梅　　　责任校对：王瑞瑞　　　责任出版：张志平

出 版 者	科学技术文献出版社
地　　址	北京市复兴路15号　邮编 100038
编 务 部	（010）58882938，58882087（传真）
发 行 部	（010）58882868，58882870（传真）
邮 购 部	（010）58882873
官方网址	www.stdp.com.cn
发 行 者	科学技术文献出版社发行　全国各地新华书店经销
印 刷 者	北京虎彩文化传播有限公司
版　　次	2021年6月第1版　2021年6月第1次印刷
开　　本	710×1000　1/16
字　　数	148千
印　　张	14.25
书　　号	ISBN 978-7-5189-7815-1
定　　价	88.00元

版权所有　违法必究

购买本社图书，凡字迹不清、缺页、倒页、脱页者，本社发行部负责调换

报告撰写人

赵志耘　姚长青　刘志辉
高影繁　崔　笛　郑　明
浦　墨　李　岩　李昶璇

前　　言

作为新一轮科技革命和产业变革的战略性技术与重要驱动力量之一，人工智能正在推动经济社会各个领域从数字化、网络化向智能化加速迈进，为新技术、新模式、新业态、新产业的形成提供了可能。进入 21 世纪以来，超强的计算能力、海量的数据资源和强大的人工智能算法，使人工智能进入了加速发展的新阶段。

我国人工智能领域的研发和应用迅速崛起，然而在人工智能硬件和核心部件等方面仍存在不少掣肘短板，在基础理论和算法方面的原始创新能力依然不足。可喜的是，近年来我国人工智能的研究越来越受到政府部门和产业界的重视，产业界对人工智能的投资和收购也正在各地如火如荼地开展，一批科技型企业已展现出在人工智能方面的良好业绩和成长性，其中以科大讯飞、阿里巴巴和百度为代表的多家企业已经置身于人工智能创新的时代潮头。人工智能技术和产品是企业成功的关键，同样，人工智能技术创新和产业发展也依赖于培育以企业为主体的产业生态。在产业政策的催化下，我国人工智能相关企业数量正在持续高速增长，这些企业的创新活动和经营状况直接反映了人工智能产业的发展现状与前景。因此，对人工智能企业的微观活动进行测度可以为政府部门和行业研究者研判产业发展态势、提高施政精准性和科学性提供重要支撑。

上市公司作为各行业优质企业的代表，相较于其他企业，运营管理更加规范，企业数据的披露更加真实、准确和完整，因此，本报告选取我国 A 股上市公司作为研究对象，构建企业遴选模型，重点聚焦人工智能相关的上市企业。本报告包括 6 章，对我国人工智能上市公司的经营状况、创新活动和相关资产进行了分析。第 1 章为引言部分，主要介绍我国人工智能产业发展背景、本报告的分析目的和意义，以及本报告所使用的研究方法和涉及的研究内容；第 2 章从行业、区域、资产和人才等角度展示我国人工智能上市企业总体情况；第 3 章主要从盈利能力、偿债能力、发展能力、运营能力和销售能力等方面描述人工智能上市企业的经营状况；第 4 章主要从创新投入、基础研究能力、应用研究能力、技术竞争度、行业竞争度等方面对人工智能上市企业的科技创新活动和创新能力进行分析；第 5 章是从三类无形资产的角度，对人工智能上市企业创新资产的积累进行分析；第 6 章则是对本报告的概括和总结。

本报告是中国科学技术信息研究所集体智慧的结晶：主要撰稿人赵志耘、姚长青、刘志辉、高影繁、崔笛、郑明、浦墨、李岩、李昶璇均来自中国科学技术信息研究所；研究生张宇晨参与了本报告数据审核和文字校对工作，在此一并表示感谢。

当然，由于撰写时间仓促、团队水平有限，本报告中出现疏漏甚至错误在所难免，希望广大读者和业内外专家予以批评指正！

目　　录

第1章　引　言 …………………………………………… 1

　1.1　人工智能产业发展背景 …………………………………… 1

　　1.1.1　我国人工智能产业政策背景 …………………………… 1

　　1.1.2　我国人工智能产业发展现状 …………………………… 2

　　1.1.3　我国人工智能产业发展的不足 ………………………… 5

　1.2　分析报告的目的和意义 …………………………………… 6

　1.3　研究方法 …………………………………………………… 7

　　1.3.1　人工智能上市企业遴选方法 …………………………… 7

　　1.3.2　无形资产的计算方法 …………………………………… 14

　　1.3.3　技术竞争强度值及得分计算方法 ……………………… 15

　1.4　研究内容 …………………………………………………… 18

　1.5　数据来源 …………………………………………………… 19

第2章　我国人工智能上市企业概况 ……………………… 20

　2.1　人工智能上市企业遴选名单 ……………………………… 20

　2.2　人工智能上市企业行业分布 ……………………………… 26

　2.3　人工智能上市企业区域分布 ……………………………… 27

　　2.3.1　人工智能上市企业按省份分布 ………………………… 27

2.3.2 人工智能上市企业按城市分布 ·············· 29
2.4 人工智能上市企业总资产分布 ················ 32
   2.4.1 人工智能上市企业总资产区域分布 ·········· 32
   2.4.2 人工智能上市企业总资产排名 ············ 36
2.5 人工智能上市企业人才分布 ·················· 38
   2.5.1 人工智能上市企业人员学历分布 ············ 38
   2.5.2 人工智能上市企业人员职能分布 ············ 40

第3章 我国人工智能上市企业市场竞争力分析 ·············· 42

3.1 人工智能上市企业盈利能力分析 ················ 42
3.2 人工智能上市企业偿债能力分析 ················ 46
3.3 人工智能上市企业发展能力分析 ················ 51
3.4 人工智能上市企业运营能力分析 ················ 54
3.5 人工智能上市企业销售能力分析 ················ 60

第4章 我国人工智能上市企业科技创新力分析 ·············· 66

4.1 企业的创新投入分析 ··················· 66
4.2 企业的基础研究能力分析 ················· 70
4.3 企业的应用研究能力分析 ················· 73
4.4 企业的技术竞争度分析 ·················· 77
4.5 企业的行业竞争度分析 ·················· 78

第5章 人工智能上市企业无形资产分析 ·················· 80

5.1 人工智能上市企业无形资产排名 ················ 80
   5.1.1 人工智能上市企业无形资产总量排名 ·········· 80

  5.1.2 人工智能上市企业无形资产分类排名 …………… 85
 5.2 无形资产区域分布 ………………………………………… 98
  5.2.1 无形资产按省份分布 …………………………… 98
  5.2.2 无形资产按城市分布 …………………………… 99
 5.3 无形资产变化情况 ………………………………………… 101

第6章 结 论 …………………………………………… 104

附录 基于人工智能领域国际顶级会议论文遴选关键词 …… 107

参考文献 ……………………………………………………… 209

图表目录

图 1-1　2019 年 CSRankings 发表的人工智能领域分支的世界各高校排名 …………………………………………… 4

图 2-1　各门类行业人工智能上市企业数量 …………… 26

图 2-2　各省份人工智能上市企业数量 ………………… 28

图 2-3　各城市人工智能上市企业数量 ………………… 30

图 2-4　人工智能上市企业总资产区域分布（省份）…… 33

图 2-5　人工智能上市企业总资产区域分布（Top 10 城市）… 33

图 3-1　人工智能上市企业盈利能力分析指标中位数变化 …… 44

图 3-2　人工智能上市企业流动比率的中位数变化 ……… 48

图 3-3　人工智能上市企业资产负债率和长期资产负债率的中位数变化 ……………………………… 49

图 3-4　人工智能上市企业发展能力测度指标的中位数变化 …………………………………… 52

图 3-5　人工智能上市企业运营能力测度指标的中位数变化 …………………………………… 57

图 3-6　人工智能上市企业销售净利率的中位数变化 …… 62

图 3-7　人工智能上市企业主营业务收入的中位数变化 … 62

图 3-8　人工智能上市企业销售人员数量的中位数变化 … 63

图 3-9　人工智能上市企业销售人员占比的中位数变化 … 63

图 4-1　人工智能上市企业研发支出的平均值及中位数变化 …………… 68

图 4-2　人工智能上市企业研发人员数量的平均值及中位数变化 …………… 68

图 4-3　人工智能上市企业研发人员占比的平均值及中位数变化 …………… 68

图 4-4　人工智能上市企业发表论文数的平均值及中位数变化 …………… 71

图 4-5　人工智能上市企业人均发表论文数的平均值及中位数变化 …………… 72

图 4-6　人工智能上市企业专利申请量、核心专利数、发明专利数、核心发明专利数的平均值变化 ………… 75

图 4-7　人工智能上市企业专利申请量、核心专利数、发明专利数、核心发明专利数的中位数变化 ………… 76

图 4-8　人工智能上市企业人均发明专利数的平均值及中位数变化 …………… 76

图 5-1　2019 年无形资产总量 Top 20 人工智能上市企业 …… 81

图 5-2　2019 年无形资产总量 Top 20 人工智能上市企业的无形资产占比 …………… 84

图 5-3　2019 年第一类无形资产存量 Top 20 人工智能上市企业 …………… 85

图 5-4　2019 年第一类无形资产存量 Top 20 人工智能上市企业的无形资产占比 …………… 89

图 5-5　2019 年第二类无形资产存量 Top 20 人工智能上市企业 …………… 90

图 5-6　2019 年第二类无形资产存量 Top 20 人工智能
　　　　上市企业的无形资产占比 ·················· 93
图 5-7　2019 年第三类无形资产存量 Top 20 人工智能
　　　　上市企业 ··························· 94
图 5-8　2019 年第三类无形资产存量 Top 20 人工智能
　　　　上市企业的无形资产占比 ·················· 97
图 5-9　2019 年各省份人工智能上市企业无形资产占比 ········ 99
图 5-10　2019 年人工智能上市企业无形资产总量 Top 20
　　　　 城市的无形资产占比 ···················· 100
图 5-11　2017—2019 年人工智能上市企业无形资产总量
　　　　 变化情况 ·························· 101
图 5-12　2017—2019 年人工智能上市企业各类无形资产
　　　　 存量变化情况 ······················· 102
图 5-13　2017—2019 年人工智能上市企业"无形资产/
　　　　 有形资产"总量变化情况 ················· 103

表 1-1　人工智能领域国际顶级会议列表 ················ 8
表 1-2　基于人工智能领域国际顶级会议论文遴选关键词
　　　　（仅截取 Top 20 示例） ···················· 11
表 1-3　三类无形资产的测度要素 ···················· 14
表 2-1　人工智能上市企业列表（制造业） ··············· 21
表 2-2　人工智能上市企业列表（信息传输、软件
　　　　和信息技术服务业） ······················ 24
表 2-3　人工智能上市企业列表（科学研究和技术服务业） ··· 26
表 2-4　各省份人工智能上市企业数量 ················· 28

表 2-5	各城市人工智能上市企业数量	31
表 2-6	人工智能上市企业总资产区域分布（省份）	34
表 2-7	人工智能上市企业总资产区域分布（城市）	34
表 2-8	人工智能上市企业总资产排名 Top 20	37
表 2-9	人工智能上市企业人员学历分布	38
表 2-10	员工总数排名 Top 10 的人工智能上市企业人员学历分布	39
表 2-11	人工智能上市企业人员职能分布	41
表 2-12	员工总数排名 Top 10 的人工智能上市企业人员职能分布	41
表 3-1	人工智能上市企业盈利能力分析指标	43
表 3-2	人工智能领域总资产报酬率排名 Top 10 的上市企业	44
表 3-3	人工智能领域营业利润率排名 Top 10 的上市企业	45
表 3-4	人工智能领域净资产收益率排名 Top 10 的上市企业	45
表 3-5	人工智能上市企业偿债能力分析指标	47
表 3-6	人工智能领域流动比率排名 Top 10 的上市企业	49
表 3-7	人工智能领域资产负债率排名 Top 10 的上市企业	50
表 3-8	人工智能领域长期资本负债率排名 Top 10 的上市企业	50
表 3-9	人工智能上市企业发展能力分析指标	52
表 3-10	人工智能领域营业收入增长率排名 Top 10 的上市企业	53
表 3-11	人工智能领域总资产增长率排名 Top 10 的上市企业	54

表 3-12　人工智能上市企业运营能力分析指标 …………… 56
表 3-13　人工智能领域应收账款周转率排名 Top 10 的
　　　　 上市企业 ………………………………………… 57
表 3-14　人工智能领域流动资产周转率排名 Top 10 的
　　　　 上市企业 ………………………………………… 58
表 3-15　人工智能领域固定资产周转率排名 Top 10 的
　　　　 上市企业 ………………………………………… 58
表 3-16　人工智能领域总资产周转率排名 Top 10 的
　　　　 上市企业 ………………………………………… 59
表 3-17　人工智能领域存货周转率排名 Top 10 的
　　　　 上市企业 ………………………………………… 59
表 3-18　人工智能上市企业销售能力分析指标 …………… 61
表 3-19　人工智能领域销售净利率排名 Top 10 的
　　　　 上市企业 ………………………………………… 63
表 3-20　人工智能领域主营业务收入排名 Top 10 的
　　　　 上市企业 ………………………………………… 64
表 3-21　人工智能领域销售人员数量排名 Top 10 的
　　　　 上市企业 ………………………………………… 64
表 3-22　人工智能领域销售人员占比排名 Top 10 的
　　　　 上市企业 ………………………………………… 65
表 4-1 　人工智能上市企业创新投入概况分析指标 ……… 67
表 4-2 　人工智能领域研发支出合计排名 Top 10 的
　　　　 上市企业 ………………………………………… 69
表 4-3 　人工智能领域研发人员数量排名 Top 10 的
　　　　 上市企业 ………………………………………… 69

表 4-4　人工智能领域研发人员占比排名 Top 10 的
　　　　上市企业 ………………………………………………… 70
表 4-5　人工智能上市企业基础研究分析指标 ………………… 71
表 4-6　人工智能领域发表论文数排名 Top 10 的上市企业 …… 72
表 4-7　人工智能领域人均发表论文数排名 Top 10 的
　　　　上市企业 ………………………………………………… 73
表 4-8　人工智能上市企业应用研究分析指标 ………………… 73
表 4-9　人工智能领域技术竞争度排名 Top 10 的上市企业 …… 77
表 4-10　人工智能领域行业竞争度排名 Top 10 的上市企业 … 79
表 5-1　2019 年无形资产总量 Top 20 人工智能上市企业 …… 82
表 5-2　2019 年第一类无形资产存量 Top 20 人工智能
　　　　上市企业 ………………………………………………… 86
表 5-3　2019 年第二类无形资产存量 Top 20 人工智能
　　　　上市企业 ………………………………………………… 90
表 5-4　2019 年第三类无形资产存量 Top 20 人工智能
　　　　上市企业 ………………………………………………… 94
表 5-5　2019 年各省份人工智能上市企业无形资产总量 ……… 98
表 5-6　2019 年人工智能上市企业无形资产总量
　　　　Top 20 城市 …………………………………………… 100
表 5-7　2017—2019 年人工智能上市企业无形资产
　　　　总量及各类无形资产存量 …………………………… 102

第 1 章　引　言

1.1　人工智能产业发展背景

1.1.1　我国人工智能产业政策背景

2015 年 5 月，国务院发布的《中国制造 2025》，是我国首次提及智能产品、智能制造的政策文件，标志着我国人工智能产业发展步入正轨。在随后的 5 年中，政府不断地通过相关政策引导、深化、细化我国人工智能产业的发展。2019 年，我国地方政府共出台 276 项涉及人工智能发展的相关政策，覆盖了智慧政务、智慧医疗、工业互联网、智能制造、智能车联网、智慧教育等诸多领域。同时，政策的细化程度也在不断加深，陆续推出了一系列对具体产业和应用场景开放的扶持政策（新华社，2020）。

在近几年人工智能产业飞速发展的过程中，政策引导起到了至关重要的作用，其中比较具有影响力的指导文件包括 2016 年 4 月工业和信息化部、国家发展改革委、财政部等三部委联合印发的《机器人产业发展规划（2016—2020 年）》，规划提出：到 2020 年，自主品牌工业机器人年产量达到 10 万台，服务机器人年销售收入超过 300 亿元，工业机器人主要技术指标达到国外同类产品水平等各项产业规划目标。2017 年 7 月,《国务院关于印发新一代人工智能发展规划的通知》确定了人工智能产业开发已上升至国家战略层面的重要地位,对未来产业规模、核心技术的发展制定了相应的规划。2018 年 1 月 18 日,国家标准化管理委员会宣布成立国家人工智能标准化总体组、专家咨询组,负责全面统筹规划、协调管理我国人工智能标准化工作并发布了《人工智能标准化白皮书（2018 版）》,标志着我国人工智能产业进入了规范化、标准化的高速发展阶段（锐观网,2020）。同时,为进一步促进创新成果转化,激发人工智能产业的创新活力和内生动力,2019 年 3 月 19 日,中央全面深化改革委员会第七次会议审议通过了《关于促进人工智能和实体经济深度融合的指导意见》,意见强调了促进人工智能和实体经济深度融合,要把握新一代人工智能发展的特点,坚持以市场需求为导向,以产业应用为目标,更好地将人工智能产业的研发成果与市场需求相匹配。另外,为维持人工智能产业良好的发展状态,促进该领域技术创新上、中、下游的对接与耦合,2018 年 4 月,教育部发布的《高等学校人工智能创新行动计划》提出,到 2020 年建立 50 家人工智能学院、研究院或交叉研究中心,基本完成适应新一代人工智能发展的高校科技创新体系和学科体系的优化布局,推动人工智能技术广泛应用（教育部,2018）。

1.1.2　我国人工智能产业发展现状

在国家政策的正确引导与科研工作者的不懈努力下,我国人工智能产业在短短 5 年时间里,发生了巨大的转变。在产业规模与融资方面,2019 年,中国人工智能领域融资额达 381 亿元,虽然相较于 2018 年的投融资额度出现下滑现象，但整体融资额度仍处于高位（中国产业信息，2020）。2019 年，我国人工智能产业规模已经突破 500 亿元（前瞻产业研究院，2020a）。在智能产业园区建设方面，我国在 2018 年已建成 163 家人工智能产业园区的基础上，2019 年又新增产业园区 138 家。2019 年，全国共有 35 所高校获得首批人工智能专业建设资格。2020 年 3 月，教育部再次审批通过 180 所高校开设人工智能专业，为我国人工智能产业的可持续发展提供了有力保障（前瞻产业研究院，2020b）。

随着我国人工智能行业的飞速发展，国际地位也在不断提高，我国已成为国际人工智能领域的重要角色。截至 2018 年年底，全球共成立人工智能企业 15 916 家，我国人工智能企业数量为 3341 家，占比超 20%，位居世界第二。据中国信通院数据统计，2015—2018 年中国人工智能行业复合平均增长率高达 54.6%，远超全球平均水平（约 36%）（前瞻网，2020）。在论文方面，2018 年中国在人工智能产业领域已发表论文数量有所增加，国有研究机构发表的人工智能产业相关论文相比 2017 年增长约 400%，企业发表的人工智能产业相关论文增长 73%（新浪科技，2018）。2013—2018 年，全球人工智能领域的论文文献产出共 30.5 万篇，其中，中国发表 7.4 万篇，在人工智能论文总量方面排在全球首位，但引文影响力指标（FWCI）相对落后（新华网，2019）。在专利申请方面，2016—2018 年我国的专利申请量一直处于稳步增长状态，分别为 37 480 件、38 574 件、40 870 件；但核心专利数则逐年下降，2016—2018 年分别为 23 434 件、21 377 件、19 436 件。

另外，2019 年 CSRankings 发布了人工智能领域的世界各高校排名，前 20 位中有 6 所中国的大学上榜，清华大学以 110.1 的分值高居第一,该排名主要以人工智能促进协会和国际计算机学会人工智能专业峰会论文数量进行排序(图1-1)。这说明了通过政策的扶持、引导,我国学院类研究机构在人工智能领域的科研效果已在国际上崭露头角,以清华大学为代表的我国人工智能领域顶尖水平论文已处于世界前沿(郭芮,2019)。

#	Institution	Count	Faculty
1	Tsinghua University	110.1	55
2	Peking University	67.2	47
3	Carnegie Mellon University	67.1	42
4	University of Oxford	53.5	22
5	UNSW	51.4	24
6	Nanyang Technological University	50.0	23
7	Zhejiang University	45.8	34
8	HKUST	44.0	14
9	Chinese Academy of Sciences	43.0	32
10	Nanjing University	42.7	20
11	University of California - Los Angeles	40.3	13
12	University of Alberta	37.5	18
13	Ben-Gurion University of the Negev	33.4	11
14	Technion	29.9	19
15	National University of Singapore	29.7	22
16	Bar-Ilan University	28.0	10
17	Washington University in St. Louis	27.0	9
18	Singapore Management University	26.3	15
19	University of Liverpool	26.1	12
20	University of Pittsburgh	25.4	6

图1-1 2019年CSRankings发表的人工智能领域分支的世界各高校排名

1.1.3　我国人工智能产业发展的不足

由于人工智能产业发展起步晚、基础差等原因，导致我国现阶段该产业的发展也出现了多方面的问题。

在技术开发层面，截至 2017 年年底，中国拥有全球第二大人工智能科学家和工程师群体，约 1.82 万人，仅次于美国的约 2.9 万人，但在顶尖人工智能研究人员的数量上，中国仅排在第 6 位（清华大学中国科技政策研究中心，2018）。同样，中国在人工智能论文总量方面位居世界第一，但引文影响力指标（FWCI）相对落后（新华网，2019），说明我国缺乏对该领域尖端人才的培养与核心技术的研究、开发。该现象的主要原因在于，当前我国人工智能领域中有 77% 的产业分布在应用层，而不是在基础层和技术层，主要是集成产品、现有技术应用和问题解决方案，尚未在该领域形成完善的产业链。人工智能产业的基础建设比较薄弱，需求牵引力大于科技原动力，需要进一步加强针对关键性技术的研究，提高在基础理论和算法方面的创新水平（李德毅，2018）。例如，我国在计算机视觉、语音识别和自然语言处理方面拥有世界领先的公司，但在打造人工智能的核心技术工具方面，相较于发达国家仍存有较大差距。同样在人工智能硬件方面也有待进一步提高，全球领先的人工智能半导体芯片的相关技术大多仍掌控在英伟达、英特尔、苹果、谷歌和 AMD 等美国公司手中。

在市场应用层面存在人工智能技术与产业需求之间的脱节现象。尤其是对于智能化普遍偏低的传统型企业来说，像传统制造业，目前的业务信息化水平较低，数据采集难度大，很难将现有的人工智能技术与企业的业务需求进行合理匹配，这也成为传统型企业希望借助人工智能完成转型升级的制约因素，同时也反映出我国人工智能行业的产学研合作密切度有待提升、科技成果转化率不高的问题。对我国人工智能产业而言，高校、科研院所、企业之间如何实现密切合作的问题亟待解决。现有产学研合作培养模式较为单一，高校、科研院所、企业之间的合作多为自发性短期行为，缺乏顶层统筹及可持续运行机制（张本甫，2020）。

1.2 分析报告的目的和意义

虽然我国人工智能已经上升至国家战略层面，多项技术已处于世界领先地位，创新创业也日益活跃，但整体上我国人工智能还处于发展初期，与发达国家仍有较大差距。本分析报告鉴于上述现状，在上市企业年报、专利等数据分析的基础上，对我国 A 股上市企业中的人工智能相关企业进行遴选，采集了这些人工智能上市企业的专利、论文、创新资产、经营管理等层面的数据，对行业、区域人工智能上市企业的发展水平进行分析，以我国人工智能行业上市企业集合为切入点展示人工智能产业微观、中观和宏观的发展特点。一方面，有助于上市企业审视自身发展的优势与不足，为企业经营者调整发展方向提供数据基础；另一方面，有助于政府部门了解产业发展现状，为其制定政策、改进产业发展措施提供情报支撑。

1.3 研究方法

1.3.1 人工智能上市企业遴选方法

（1）数据来源

①中国上市企业专利数据来源于中国科学技术信息研究所建设的中国上市企业专利题录信息数据库，截至 2020 年 7 月 23 日，该数据库共包含约 160 万条中国上市企业中文专利题录数据，题录数据包括标题、摘要、权利要求、专利权人、申请人、专利申请日、公开日等字段信息。

②上市公司公告数据来自于中国科学技术信息研究所自建的中国上市公司公告数据库。数据库包含 2000—2019 年所有上市公司的年报、2014—2020 年上市公司半年报等公告中的文本型数据及财务数据，文本型字段主要包括"主营业务""经营范围""董事会讨论""核心竞争力""关键技术""重点项目""风险类型及内容"等。

（2）人工智能领域关键词遴选策略

人工智能领域关键词遴选的数据源是近年来人工智能领域的国际顶级会议。具体而言，会议列表主要以《2019 年度全球 AI 人才报告》（*Global AI Talent Report 2019*）和 Aminer.cn 发布的 AI 2000 中提供的顶级会议论文列表为基础，通过人工判定、筛选和整合形成，具体列表如表 1-1 所示。

表 1-1 人工智能领域国际顶级会议列表

会议英文名称	会议中文名称
Association for the Advancement of Artificial Intelligence Conference (AAAI)	人工智能促进会 (AAAI)
International Conference on Autonomous Agents and Multiagent Systems (AAMAS)	自主代理和多智能体系统国际会议 (AAMAS)
Association for Computational Linguistics Conference (ACL)	计算语言学会议协会 (ACL)
International Conference on Artificial Intelligence and Statistics (AISTATS)	国际人工智能和统计会议 (AISTATS)
International Conference on Computational Linguistics	国际计算语言学会议
Conference on Learning Theory (COLT)	学习理论会议 (柯尔特)
Conference on Computer Vision and Pattern Recognition (CVPR)	电脑视觉及模式识别会议 (CVPR)
European Conference on Artificial Intelligence	欧洲人工智能会议
Conference on Empirical Methods in Natural Language Processing (EMNLP)	自然语言处理经验方法会议 (EMNLP)
Genetic and Evolutionary Computation Conference (GECCO)	遗传与进化计算会议 (GECCO)
International Conference on Acoustics, Speech, and Signal Processing (ICASSP)	国际声学、演讲和信号处理会议(ICASSP)
International Conference on Case-based Reasoning	基于实例推理的国际会议

续表

会议英文名称	会议中文名称
International Conference on Computer Vision (ICCV)	国际计算机视觉会议 (ICCV)
International Conference on Learning Representations	学习表示国际会议
International Conference on Machine Learning (ICML)	国际机器学习会议 (ICML)
International Conference on Automated Planning and Scheduling	自动计划规划国际会议
International Conference on Robotics and Automation (ICRA)	国际机器人和自动化会议 (ICRA)
International Joint Conferences on Artificial Intelligence (IJCAI)	国际人工智能联席会议 (IJCAI)
Interspeech	Interspeech
International Conference on Intelligent Robots and Systems (IROS)	智能机器人和系统国际会议 (IROS)
ACM SIGKDD International Conference on Knowledge Discovery and Data Mining (KDD)	ACM SIGKDD 知识发现和数据挖掘国际会议 (KDD)
International Conference on Principles of Knowledge Representation and Reasoning	知识表示和推理规则国际会议
International Conference on Medical Image Computing & Computer Assisted Intervention (MICCAI)	国际医学图像计算与计算机辅助干预会议 (MICCAI)

续表

会议英文名称	会议中文名称
Annual Conference of the North American Chapter of the Association for Computational Linguistics (NAACL)	计算语言学协会北美分会年会 (NAACL)
Neural Informatica Processing Systems (NeurIPS)	神经信息处理系统会议 (NeurIPS)
Robotics: Science and Systems (RSS)	机器人：科学与系统 (RSS)
ACM Symposium on Theory of Computing (STOC)	ACM 计算理论研讨会
Conference on Uncertainty in Artificial Intelligence (UAI)	人工智能不确定性会议 (UAI)
Winter Conference on Applications of Computer Vision (WACV)	电脑视觉应用冬季会议 (WACV)
ACM International Conference on Web Search and Data Mining (WSDM)	ACM 网络搜索和数据挖掘国际会议 (WSDM)
International Semantic Web Conference (ISWC)	国际语义网会议 (ISWC)
ACM Recommender Systems (RecSys)	ACM 推荐系统 (RecSys)

通过在 Web of Science 中检索并获取表 1-1 中相关论文数据集，对其中的关键词字段进行如下处理。

①人工清洗。对论文关键词中的简称、全称、缩写、特殊字符、单复数等不同表达形式的同义词进行合并和规范，形成同义关键词的清洗对照表和简称-全称对照表。

②自动翻译。借助中国科学技术信息研究所研发的"科信智译"翻译引擎，对清洗后的关键词表进行自动翻译，并进行人工修正与合并，进一步形成关键词英文全称与中文全称、英文简称的完整对照表。

③人工遴选。以中文全称为主要参照，对其中不具备人工智能领域专业性的关键词进行逐一剔除，最终形成具有领域代表性的中文关键词及其英文简称列表，共计 2272 组关键词（详见附录）。正文中仅列示词频最高的 Top 20 关键词组（表 1-2）。

表 1-2 基于人工智能领域国际顶级会议论文遴选关键词（仅截取 Top 20 示例）

原始英文关键词	对应中文名称
speech recognition	语音识别
deep neural network（dnn）	深层神经网络（DNN）
speech synthesis	语音合成
automatic speech recognition（asr）	自动语音识别（ASR）
human-robot interaction（hri）	人机交互（HRI）
deep learning	深度学习
speech enhancement	语音增强
neural networks	神经网络

续表

原始英文关键词	对应中文名称
machine learning	机器学习
speaker recognition	说话人识别
genetic algorithms（GAs）	遗传算法（GAs）
convolutional neural network（cnn）	卷积神经网络（CNN）
hidden markov model（hmm）	隐马尔可夫模型（HMM）
recurrent neural network（RNN）	递归神经网络（RNN）
support vector machine（svm）	支持向量机（SVM）
speaker verification	说话人验证
i-vector	I-Vector 模型
gaussian mixture model（gmm）	高斯混合模型（GMM）
language modeling	语言建模
non-negative matrix factorization（nmf）	非负矩阵分解（NMF）

（3）依据专利数据的筛选策略

本报告提出了人工智能上市企业专利的遴选方法，具体描述如下。

①依据人工智能领域词汇列表形成候选上市企业集合

依据（2）中确定的人工智能领域词汇列表，在中国上市企业专利题录信息数据库中进行词汇检索，若在专利的标题或摘要文本中出现了人工智能列表中的词汇，则该专利的专利权人入选中国人工智能上市企业候选集合。

②依据人工智能专利占比指标对候选上市企业进行二次遴选

将"人工智能专利数/总专利数"作为指标来测度候选集合中

的上市企业的主要业务方向是否为人工智能。在本报告中，将该指标值小于0.5的企业从中国人工智能上市企业候选集合中过滤掉，形成中国人工智能上市企业第二批候选集合。

③依据权重对中国人工智能上市企业集合进行排序

本报告认为，人工智能关键词列表中的词在专利中的发生词的个数越多、频率越高、类间分布越不均匀，则该条专利在人工智能领域具有的领域鉴别能力就越强。对中国人工智能上市企业集合中的每一个企业，累计其所有专利的权重，则可以获得该企业在人工智能领域的重要程度值，这个数值来源于中文专利数据，完全不需要人工参与，更具客观性和准确性。

（4）依据上市公司数据的筛选策略

人工智能上市企业遴选是在（2）中形成的人工智能领域关键词表和上市企业公告数据库的基础上实施的。具体步骤如下。

①上市公司公告数据库范畴的确定

选取中国科学技术信息研究所中国上市企业公告数据库2014—2019年的年报、半年报、季报数据，所用字段主要包括"主营业务""经营范围""董事会讨论""核心竞争力""关键技术""重点项目""风险类型及内容"等。

②依据上市公司公告数据库的人工智能上市企业权重排序

依据（2）中确定的人工智能领域词汇列表，在上市公司公告数据库的相关字段中进行词汇检索，若在"主营业务""经营范围""董事会讨论""核心竞争力""关键技术""重点项目""风险类型及内容"等字段中出现了该人工智能领域词汇，则统计每个字段中人工智能领域相关词出现的频次与权重乘积的和作为该字段的文本权重。上市公司文本权重越高，表明该公司在主营业务方面越有可能是人工智能领域的企业。

（5）结合专利与上市公司公告数据的筛选优化

经过（3）及（4）的计算，会得到按照权重值排序的中国上市企业列表，由于权重值的计算方式能够表征上市企业是否具有人工智能特性，所以本报告采用这种方式遴选出分析对象——中国人工智能上市企业，无任何人工参与的步骤。

1.3.2 无形资产的计算方法

本报告借鉴文献中（Miyagawa et al.，2013）无形资产的三类别分类方案：①信息化能力（computerized information）：包括定制软件投资、套装软件投资、自有软件投资等3种软件投资；②创新资产（innovative property）：包括科学和工业研发投入、采矿、版权和技术购买花费、其他产品开发、设计和研究花费；③经济竞争力（economic competencies）：包括品牌价值、企业特定人力资本（firm specific human capital）、组织资本（organizational capital）。

本报告依据上述无形资产的分类方法，进一步细化无形资产的分类测度要素。与无形资产分类对应的测度要素如表1-3所示。

表1-3 三类无形资产的测度要素

无形资产类别	测度要素
信息化能力	软件费
创新资产	研究开发费、专利及专有技术、采矿权、特许权、土地权
经济竞争力	广告费、商标费、职工教育经费、董事会费、管理销售费用

通过提取表 1-3 中的每个无形资产测度要素，并根据上述无形资产的 3 个分类对每一年每个企业的无形资产测度要素分别汇总，即得到每一年每个企业的每一类无形资产投资。在此基础上，采用永续盘存法计算每个企业每一年的每一类无形资产存量。具体而言，对于每个企业，每年的无形资产存量等于上一年的存量乘以（1－折旧率）加上当年的无形资产投资，以下方程左边是每年无形资产的存量［其中 0.315、0.15 和 0.4 分别是每类无形资产的折旧值（经验值）］：

当年第一类无形资产存量 = 当年第一类无形资产投资 +
（1 - 0.315）× 上年第一类无形资产存量； (1-1)

当年第二类无形资产存量 = 当年第二类无形资产投资 +
（1 - 0.15）× 上年第二类无形资产存量； (1-2)

当年第三类无形资产存量 = 当年第三类无形资产投资 +
（1 - 0.4）× 上年第二类无形资产存量。 (1-3)

1.3.3 技术竞争强度值及得分计算方法

（1）数据来源

与人工智能上市企业遴选方法中的专利数据来源一致，技术竞争强度的计算同样利用中国科学技术信息研究所建设的中国上市企业专利题录信息数据库数据。在计算过程中主要使用专利包括标题、摘要、权利要求、专利权人、IPC 分类等文本字段。

（2）大规模专利文本的相似性计算

① 基于 TextRank 及 TF-IDF 的专利特征词抽取

TextRank 算法是一种用于文本的基于图的排序算法。其基本思想来源于谷歌的 PageRank 算法，通过把文本分割成若干组成单元（单词、句子）并建立图模型，利用投票机制对文本中的重要成分进行排序，仅利用单篇文档本身的信息即可实现关键词提取。

TF-IDF 是一种统计方法，用以评估字词对于一个文件集或一个语料库中的其中一份文件的重要程度。字词的重要性随着它在文件中出现的次数成正比增加，但同时会随着它在语料库中出现的频率成反比下降。TF 是词频，IDF 是逆文本频率指数。

专利的特征词抽取首先借助机器学习的分词手段，将专利的标题、摘要、权利要求所得到的文本转化成词序列。对于每一篇专利转化成的词序列，根据 TextRank 算法求出每个词的权重。对于整个专利库的词序列，可求出每个词的 TF-IDF 权重。最终，每条专利中词的权重为该词在句子中的 TextRank 值乘该词的 TF-IDF 值。

②基于 Word2vec 的专利特征向量表示

Word2vec 是深度学习中用来将词表征成向量的相关模型。Word2vec 在给定语料充分的情况下，通过优化后的神经网络模型快速有效地将一个词语映射到固定维度的向量空间，同时使映射之后的向量保留原本的语义。专利特征向量基于专利特征词抽取后的结果，将特征词都映射为 100 维的向量。根据专利中每个专利特征词的权重，将特征词的向量与权重相乘之后求和，作为该篇专利的特征向量。专利在经过①和②的处理后被表示为 100 维的向量，可以使用相似度来计算两条专利之间的相似性。

③基于 IPC 重合的相似性过滤策略

将任意一条专利与全库中的其他专利一一进行相似度计算，不仅耗时较长，物理存储空间开销也极为浪费。为了避免这种情况，使用相似性重合过滤的策略来进行过滤，减少比较的次数。

IPC 分类是目前国际通用的专利文献分类和检索工具。一般情况下，IPC 分类表示专利所涉及的技术领域。IPC 分类系统按照技术主题设立类目，把整个技术领域分为 5 个不同等级：部、大类、小类、大组、小组。不同等级以 IPC 分类号的不同长度来表示，部为 IPC 分类号首字母，大类类号为首字母后的两位数字，小类类号为第 4 位大写字母，大组类号用 1~3 位数字加/00 表示，小组类号则是将大组类号中的 00 替换成其他数字即可。在基于 IPC 重合的相似性过滤策略在 IPC 小类重合的情况下，才进行专利的相似性计算。

（3）竞争对手识别及技术竞争度计算

上市公司的技术竞争对手识别主要以寻找与该公司的专利存在较大相似性、同时不存在专利合作及转移转让等联系行为的公司。其计算方法如下。

①对于每家上市公司，首先获取该公司的专利列表。

②对于专利列表中的每篇专利，根据大规模专利文本的相似性计算方法，获取其相似专利集合。根据相似专利集合中的专利权人字段，获取相似专利权人集合。

③对于相似专利权人集合中每位专利权人，根据相似专利的相似度进行累加，求出专利权人之间的技术相似度。

④根据该公司与相似专利权人之间是否存在专利、论文的合作及专利转移转让关系对相似专利权人进行过滤，过滤后得到与该公司存在潜在竞争关系的专利权人列表。将该上市公司的所有存在潜在竞争关系专利权人根据技术相似度进行累加，结果即为该上市公司的技术竞争度。

（4）企业的行业竞争度得分

设该公司所属证监会行业中的企业数为 x，该公司在行业中的竞争度排名为 y，则按照以下方法计算公司的行业竞争度得分 N：

$$N = 1 - \frac{y}{x}。 \qquad (1-4)$$

1.4 研究内容

本报告采用中国科学技术信息研究所"科信智搜"平台的企业深度价值评估分析框架，以企业科技成果、创新资源、经营管理等数据作为分析基础，既可以实现对企业市场竞争力和创新能力的分析，也可以从中、宏观层面了解行业和区域人工智能产业的发展现状。本报告选择中国国内 A 股上市的人工智能企业作为分析对象，一方面是由于上市企业作为国家经济发展的重要力量，其无形资产积累和创新力不仅影响着公司本身的发展壮大与行业经济的命脉，也关系到投资者的切身利益；另一方面，中国上市企业年报每年定期向全社会公开发布，数据易于获取。

本报告包括 6 章内容。报告从研究内容上可分为 3 个部分：第一部分是引言，主要阐述了人工智能产业的发展背景，包括我国人工智能产业的政策、我国人工智能产业的发展现状及我国人工智能产业发展的不足，对应报告的第 1 章；第二部分分为 4 章，分别从人工智能上市企业概况、市场竞争力、科技创新力和无形资产等层面分析我国人工智能上市企业的发展状况，对应报告的第 2、第 3、第 4 和第 5 章；第三部分则是对全部报告内容进行小结。

1.5 数据来源

本报告的分析数据来源是中国科学技术信息研究所自主加工的上市企业年报数据库（简称"ISTIC 年报数据库"）。报告中第 2 和第 3 章的分析数据来自于 ISTIC 年报数据库中的企业基本信息库和财务数据库；第 4 章的分析数据来自于 ISTIC 年报数据库中的企业核心技术分析数据库、中国上市企业专利题录信息数据库及中国上市企业核心期刊论文数据库；第 5 章的分析数据则来自于 ISTIC 年报数据库中的中国上市企业无形资产数据库。

第 2 章　我国人工智能上市企业概况

2.1　人工智能上市企业遴选名单

本报告依据 1.3.1 小节人工智能上市企业遴选方法，从截至 2019 年 12 月 31 日的 3746 家 A 股上市企业中遴选出了 252 家人工智能上市企业，分别涉及证监会分类体系中的制造业，信息传输、软件和信息技术服务业，科学研究和技术服务业 3 个行业门类。其中，制造业所属企业占比最高，共 183 家（表 2-1），占比高达 73%；排在第 2 位的是信息传输、软件和信息技术服务业所属企业，共 67 家（表 2-2），占比为 27%；排在第 3 位的是科学研究和技术服务业所属企业，有 2 家上市企业（表 2-3）。从人工智能上市企业的各类别占比可以看出，相较于软件和信息技术、科学研究等技术研究型企业，人工智能领域现阶段发展的推动力主要依靠于制造业类的技术应用型企业。

第 2 章 我国人工智能上市企业概况

表 2-1 人工智能上市企业列表（制造业）

证券代码	证券简称	证券代码	证券简称	证券代码	证券简称	证券代码	证券简称
300660.SZ	江苏雷利	002925.SZ	盈趣科技	002851.SZ	麦格米特	600651.SH	*ST 飞乐
000063.SZ	中兴通讯	002121.SZ	*ST 科陆	002017.SZ	东信和平	300407.SZ	凯发电气
600839.SH	四川长虹	603416.SH	信捷电气	002813.SZ	路畅科技	002681.SZ	*ST 奋达
000977.SZ	浪潮信息	603486.SH	科沃斯	300250.SZ	初灵信息	002035.SZ	华帝股份
000725.SZ	京东方A	600855.SH	航天长峰	300376.SZ	易事特	002151.SZ	北斗星通
002241.SZ	歌尔股份	002402.SZ	和而泰	600776.SH	东方通信	300156.SZ	神雾退（退市）
002841.SZ	视源股份	002747.SZ	埃斯顿	603515.SH	欧普照明	600055.SH	万东医疗
000100.SZ	TCL科技	002528.SZ	英飞拓	300007.SZ	汉威科技	002223.SZ	鱼跃医疗
000333.SZ	美的集团	300633.SZ	开立医疗	002045.SZ	国光电器	000925.SZ	众合科技
300024.SZ	机器人	300353.SZ	东土科技	300750.SZ	宁德时代	002309.SZ	中利集团
002415.SZ	海康威视	002869.SZ	金溢科技	300003.SZ	乐普医疗	002046.SZ	轴研科技
600498.SH	烽火通信	300223.SZ	北京君正	601222.SH	林洋能源	300201.SZ	海伦哲
000400.SZ	许继电气	300045.SZ	华力创通	300410.SZ	正业科技	300638.SZ	广和通

续表

证券代码	证券简称	证券代码	证券简称	证券代码	证券简称	证券代码	证券简称
002308.SZ	威创股份	603100.SH	川仪股份	002296.SZ	辉煌科技	002358.SZ	森源电气
600060.SH	海信视像	000682.SZ	东方电子	002161.SZ	远望谷	002426.SZ	*ST胜利
000016.SZ	深康佳A	300672.SZ	国科微	002698.SZ	博实股份	300667.SZ	必创科技
600271.SH	航天信息	002456.SZ	欧菲光	600487.SH	亨通光电	603025.SH	大豪科技
601126.SH	四方股份	300270.SZ	中威电子	300001.SZ	特锐德	300400.SZ	劲拓股份
002008.SZ	大族激光	300479.SZ	神思电子	601231.SH	环旭电子	300246.SZ	宝莱特
603660.SH	苏州科达	002583.SZ	海能达	603656.SH	泰禾光电	300202.SZ	聚龙股份
002236.SZ	大华股份	603081.SH	大丰实业	002139.SZ	拓邦股份	603396.SH	金辰股份
002362.SZ	汉王科技	603019.SH	中科曙光	300551.SZ	古鳌科技	002222.SZ	福晶科技
002527.SZ	新时达	300516.SZ	久之洋	300018.SZ	中元股份	002384.SZ	东山精密
600990.SH	四创电子	002335.SZ	科华恒盛	300078.SZ	思创医惠	002614.SZ	奥佳华
600100.SH	同方股份	600560.SH	金自天正	300480.SZ	光力科技	002227.SZ	奥特迅
000050.SZ	深天马A	002766.SZ	*ST索菱	300136.SZ	信维通信	600800.SH	天津磁卡

第 2 章 我国人工智能上市企业概况

续表

证券代码	证券简称	证券代码	证券简称	证券代码	证券简称	证券代码	证券简称
002052.SZ	*ST 同洲	603666.SH	亿嘉和	300273.SZ	和佳医疗	002248.SZ	华东数控
300567.SZ	精测电子	000561.SZ	烽火电子	000021.SZ	深科技	300232.SZ	洲明科技
300077.SZ	国民技术	300259.SZ	新天科技	002197.SZ	证通电子	300370.SZ	安控科技
600879.SH	航天电子	600590.SH	泰豪科技	002559.SZ	亚威股份	300356.SZ	光一科技
002115.SZ	三维通信	002104.SZ	恒宝股份	300053.SZ	欧比特	300590.SZ	移为通信
300458.SZ	全志科技	002009.SZ	天奇股份	002028.SZ	思源电气	600537.SH	亿晶光电
600198.SH	大唐电信	002090.SZ	金智科技	600355.SH	精伦电子	002857.SZ	三晖电气
600485.SH	*ST 信威	000680.SZ	山推股份	002638.SZ	*ST 勤上	002031.SZ	巨轮智能
300206.SZ	理邦仪器	300222.SZ	科大智能	002156.SZ	通富微电	603738.SH	泰晶科技
300627.SZ	华测导航	300165.SZ	天瑞仪器	002543.SZ	万和电气	002229.SZ	鸿博股份
300367.SZ	东方网力	300042.SZ	朗科科技	300607.SZ	拓斯达	002189.SZ	中光学
300213.SZ	佳讯飞鸿	603337.SH	杰克股份	300211.SZ	亿通科技	300308.SZ	中际旭创
600690.SH	海尔智家	002376.SZ	新北洋	300449.SZ	汉邦高科	300220.SZ	金运激光

续表

证券代码	证券简称	证券代码	证券简称	证券代码	证券简称
000938.SZ	紫光股份	002242.SZ	九阳股份	002337.SZ	赛象科技	601798.SH	蓝科高新
600775.SH	南京熊猫	002380.SZ	科远智慧	300349.SZ	金卡智能	300102.SZ	乾照光电
002339.SZ	积成电子	000066.SZ	中国长城	002313.SZ	日海智能	300499.SZ	高澜股份
300124.SZ	汇川技术	002334.SZ	英威腾	000528.SZ	柳工	300445.SZ	康斯特
600268.SH	国电南自	002273.SZ	水晶光电	601608.SH	中信重工	601369.SH	陕鼓动力
600460.SH	士兰微	603528.SH	多伦科技	300227.SZ	光韵达	300354.SZ	东华测试
000425.SZ	徐工机械	002111.SZ	威海广泰	002690.SZ	美亚光电		

表2-2 人工智能上市企业列表（信息传输、软件和信息技术服务业）

证券代码	证券简称	证券代码	证券简称	证券代码	证券简称	证券代码	证券简称
600406.SH	国电南瑞	300552.SZ	万集科技	300044.SZ	赛为智能	600831.SH	广电网络
002230.SZ	科大讯飞	300352.SZ	北信源	300339.SZ	润和软件	300183.SZ	东软载波
600718.SH	东软集团	300098.SZ	高新兴	300300.SZ	汉鼎宇佑	300275.SZ	梅安森

续表

证券代码	证券简称	证券代码	证券简称	证券代码	证券简称	证券代码	证券简称
002544.SZ	杰赛科技	603636.SH	南威软件	300365.SZ	恒华科技	002410.SZ	广联达
300002.SZ	神州泰岳	300324.SZ	旋极信息	300248.SZ	新开普	600602.SH	云赛智联
600588.SH	用友网络	300496.SZ	中科创达	300431.SZ	暴风集团	300598.SZ	诚迈科技
600845.SH	宝信软件	002609.SZ	捷顺科技	300523.SZ	辰安科技	002298.SZ	中电兴发
300020.SZ	银江股份	600289.SH	*ST信通	300050.SZ	世纪鼎利	300520.SZ	科大国创
002315.SZ	焦点科技	600050.SH	中国联通	300448.SZ	浩云科技	600446.SH	金证股份
600756.SH	浪潮软件	600536.SH	中国软件	002280.SZ	*ST联络	300290.SZ	荣科科技
300188.SZ	美亚柏科	300678.SZ	中科信息	002421.SZ	达实智能	002232.SZ	启明信息
002405.SZ	四维图新	300613.SZ	富瀚微	300209.SZ	天泽信息	002238.SZ	天威通讯
300608.SZ	思特奇	300297.SZ	蓝盾股份	600410.SH	华胜天成	603421.SH	鼎信通讯
600728.SH	佳都科技	300288.SZ	朗玛信息	300036.SZ	超图软件	300634.SZ	彩讯股份
002253.SZ	川大智胜	002123.SZ	梦网集团	603888.SH	新华网	002368.SZ	太极股份
300369.SZ	绿盟科技	002063.SZ	远光软件	300508.SZ	维宏股份	002148.SZ	北纬科技
002439.SZ	启明星辰	300074.SZ	华平股份	002474.SZ	榕基软件		

表 2-3　人工智能上市企业列表（科学研究和技术服务业）

证券代码	证券简称
603018.SH	中设集团
300676.SZ	华大基因

2.2　人工智能上市企业行业分布

根据证监会行业大类的划分标准，本报告将已收录的 252 家人工智能上市企业按照行业大类进行了数量统计，从结果中可以看出人工智能上市企业中数量最多的行业大类是计算机、通信和其他电子设备制造业，共有 82 家企业，占总量的 33%；其次是软件和信息技术服务业，企业数量共 59 家，占比为 23%；第 3 位的是电气机械及器材制造业，企业数量共 39 家，占比为 15%。图 2-1 是各门类行业人工智能上市企业数量分布柱状图（对应表 2-4），可以看出人工智能上市企业在计算机、软件、各类设备制造业占有绝对优势，在其他行业拓展程度不足。

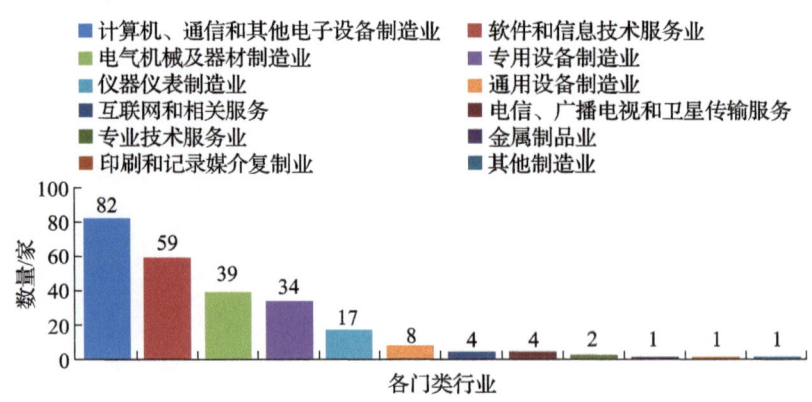

图 2-1　各门类行业人工智能上市企业数量

2.3 人工智能上市企业区域分布

为响应国家《促进新一代人工智能产业发展三年行动计划（2018—2020 年）》等政策文件，全国各地依据自身产业优势积极制定了相应的人工智能产业发展目标，提高相关政策、专项资金的扶持力度，大力开展搭建创新平台、人工智能产业集聚区等有利于人工智能企业发展的相关举措，通过不懈努力，我国人工智能产业在近期内取得了可观的进步。但由于国内各区域经济发展程度、政策侧重方向等相关因素的差异导致人工智能产业在全国各区域的进度也出现较大差距。

2.3.1 人工智能上市企业按省份[①]分布

图 2-2 是各省份人工智能上市企业数量分布柱状图，具体数值如表 2-4 所示。从图中可以看出，人工智能产业分布总体呈现出"南强北弱"的特点，广东省以拥有 65 家人工智能上市企业位列第一；北京市作为国务院指定的国家科技创新中心，以 45 家人工智能上市企业位列第二；长三角地区的人工智能产业发展最为突出，江苏省、浙江省、上海市分别排在第 3、第 4 和第 6 位。相比之下，西部地区的人工智能产业发展相对缓慢，仅有陕西省、四川省、重庆市等地区拥有已上市的人工智能企业，并且企业数量较少。

---

① 本书提及的省份包括省、自治区、直辖市，以下简称省份。

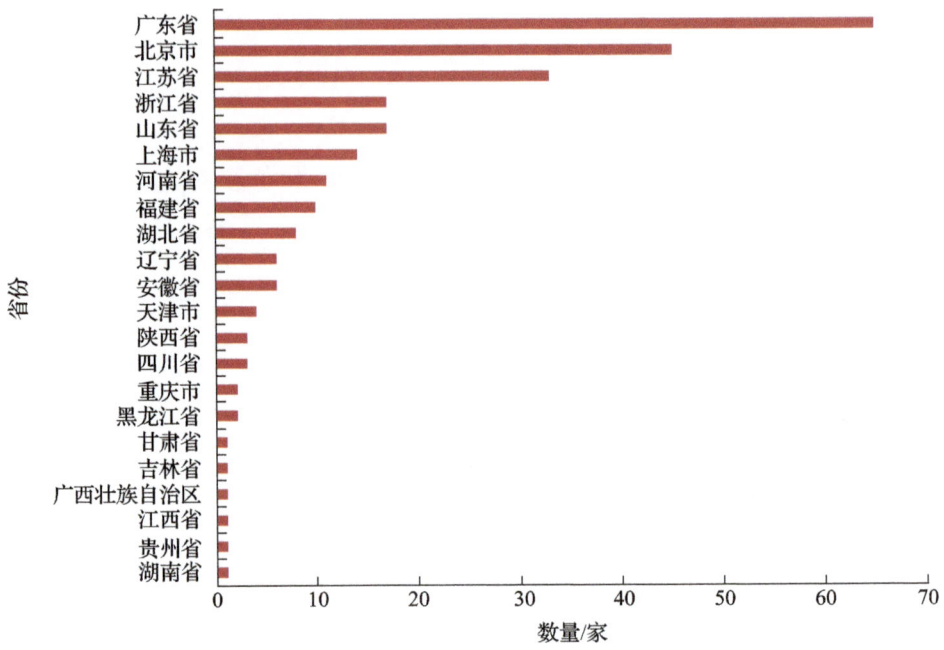

图 2-2　各省份人工智能上市企业数量

表 2-4　各省份人工智能上市企业数量

省份	人工智能上市企业数量/家	省份	人工智能上市企业数量/家
湖南省	1	重庆市	2
贵州省	1	四川省	3
江西省	1	陕西省	3
广西壮族自治区	1	天津市	4
吉林省	1	安徽省	6
甘肃省	1	辽宁省	6
黑龙江省	2	湖北省	8

续表

省份	人工智能上市企业数量/家	省份	人工智能上市企业数量/家
福建省	10	浙江省	17
河南省	11	江苏省	33
上海市	14	北京市	45
山东省	17	广东省	65

2.3.2 人工智能上市企业按城市分布

在人工智能上市企业城市分布排名中，经济发展好、开放程度高的城市纷纷上榜（图2-3和表2-5），其中北京市与深圳市分别以45家和40家人工智能上市企业的巨大优势排在第1和第2位，上海市、南京市、杭州市等东部城市也保持着较大的优势，排名靠前。

为了保持区域发展的均衡性，2020年3月，科技部发函支持重庆市、成都市、西安市、济南市建设国家新一代人工智能创新发展试验区。此前的2019年，全国已有7地获批建设国家新一代人工智能创新发展试验区，包括北京市、上海市、天津市、深圳市、杭州市、合肥市和德清县，获批的试验区主要集中在中部和东部地区，而2020年度新增的4个试验区中有3个位于西部地区。在政策的鼓励与扶持下，西部地区的人工智能产业也逐渐有了起色，重庆市、成都市、西安市都以拥有2家人工智能上市企业进入了排名，还有4个西部城市以拥有1家人工智能上市企业进入排名，包括贵阳市、绵阳市、宝鸡市、柳州市。

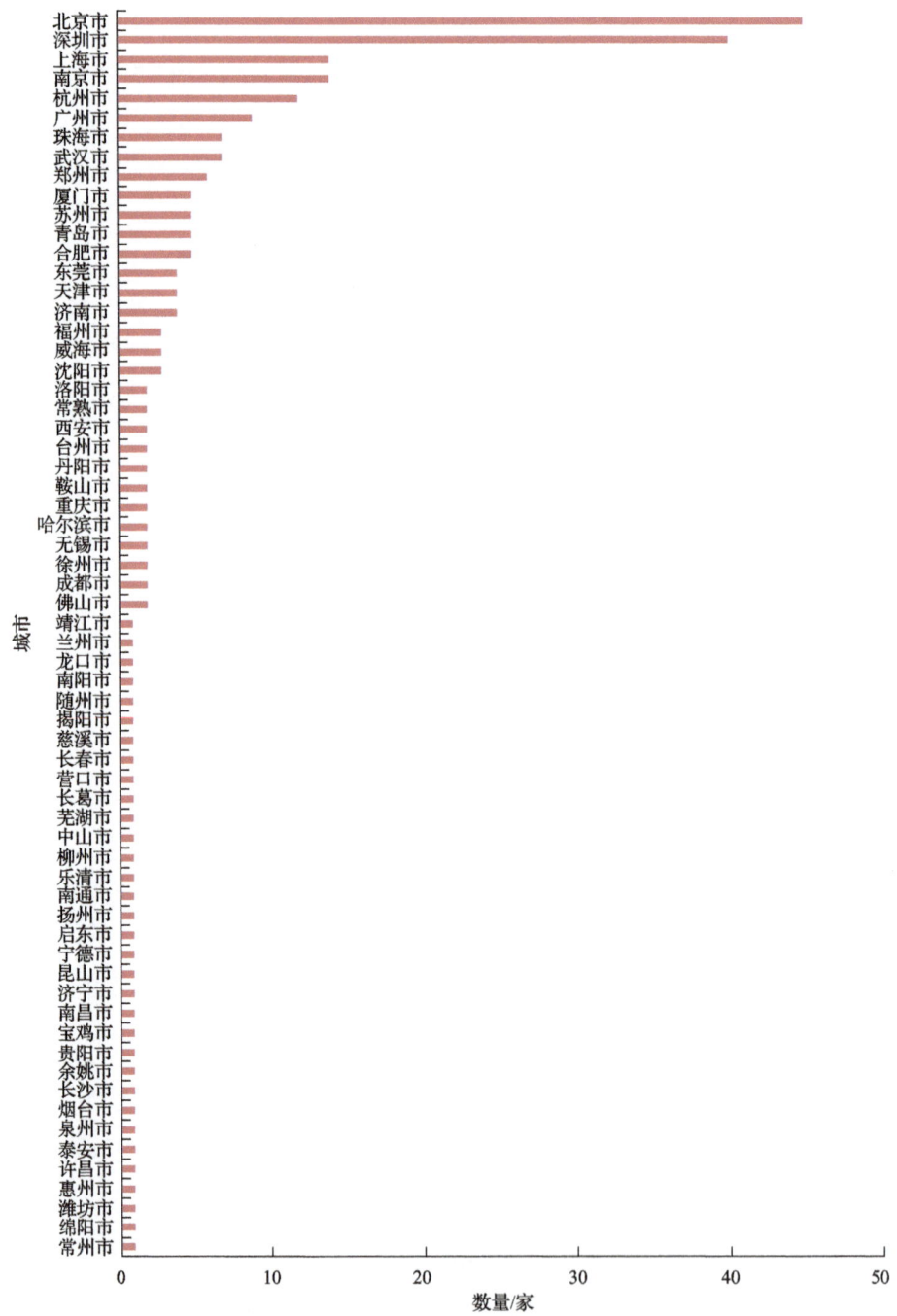

图 2-3 各城市人工智能上市企业数量

表 2-5 各城市人工智能上市企业数量

城市	人工智能上市企业数量/家	城市	人工智能上市企业数量/家
常州市	1	中山市	1
绵阳市	1	芜湖市	1
潍坊市	1	长葛市	1
惠州市	1	营口市	1
许昌市	1	长春市	1
泰安市	1	慈溪市	1
泉州市	1	揭阳市	1
烟台市	1	随州市	1
长沙市	1	南阳市	1
余姚市	1	龙口市	1
贵阳市	1	兰州市	1
宝鸡市	1	靖江市	1
南昌市	1	佛山市	2
济宁市	1	成都市	2
昆山市	1	徐州市	2
宁德市	1	无锡市	2
启东市	1	哈尔滨市	2
扬州市	1	重庆市	2
南通市	1	鞍山市	2
乐清市	1	丹阳市	2
柳州市	1	台州市	2

续表

城市	人工智能上市企业数量/家	城市	人工智能上市企业数量/家
西安市	2	苏州市	5
常熟市	2	厦门市	5
洛阳市	2	郑州市	6
沈阳市	3	武汉市	7
威海市	3	珠海市	7
福州市	3	广州市	9
济南市	4	杭州市	12
天津市	4	南京市	14
东莞市	4	上海市	14
合肥市	5	深圳市	40
青岛市	5	北京市	45

2.4 人工智能上市企业总资产分布

2.4.1 人工智能上市企业总资产区域分布

人工智能上市企业按照总资产的区域分布如图 2-4 和图 2-5 所示，具体数值如表 2-6 和表 2-7 所示。从图中可以看出，人工智能上市企业按照总资产的区域分布与按照数量的区域分布较为相似，东部地区保持领先，北京市、广东省和江苏省在人工智能上市企业总资产排名中依旧保持着前三的位置。西部地区整体经

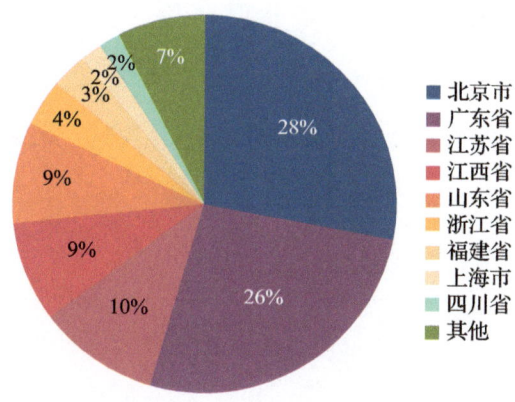

图 2-4　人工智能上市企业总资产区域分布（省份）

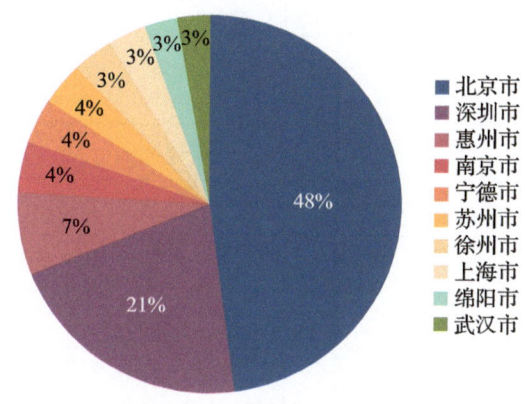

图 2-5　人工智能上市企业总资产区域分布（Top 10 城市）

济实力较弱，但是广西壮族自治区、四川省等地区也依托政策支持和人才供给不断发力，跻身到人工智能上市企业总资产排名的前 15 位。在城市层面，一些西部城市也加快了人工智能产业发展的进度，如绵阳市、柳州市、西安市这 3 个西部城市已跻身到人工智能上市企业总资产排名的前 20 位。但从总体上来看，无论从数量上还是总资产上，我国人工智能产业发展显示出了较为严重的不均衡性，这将在一定程度上限制我国人工智能产业的发展，会产生产业标准体系难统一、国家和区域相关政策难制定等问题，同时会影响人工智能产业的规模化发展，对产业集群效应也存在抑制作用。

表 2-6　人工智能上市企业总资产区域分布（省份）

省份	人工智能上市企业总资产/万元	省份	人工智能上市企业总资产/万元
贵州省	191 745.9	河南省	6 563 143.3
吉林省	200 592.6	湖北省	7 495 239.2
湖南省	236 767.5	四川省	7 677 350.0
甘肃省	330 209.1	上海市	8 385 345.9
重庆市	593 994.0	福建省	14 159 806.9
黑龙江省	621 384.9	浙江省	17 807 872.8
天津市	2 438 749.5	山东省	38 464 218.1
陕西省	3 310 400.3	江西省	38 712 170.9
广西壮族自治区	3 374 922.7	江苏省	46 207 410.1
辽宁省	3 820 737.6	广东省	119 057 016.1
安徽省	4 164 083.0	北京市	125 436 027.9

表 2-7　人工智能上市企业总资产区域分布（城市）

城市	人工智能上市企业总资产/万元	城市	人工智能上市企业总资产/万元
靖江市	41 847.9	贵阳市	191 745.9
随州市	122 977.8	营口市	194 063.1

续表

城市	人工智能上市企业总资产/万元	城市	人工智能上市企业总资产/万元
长春市	200 592.6	芜湖市	735 904.1
昆山市	219 422.4	无锡市	777 746.8
长沙市	236 767.5	长葛市	786 114.2
成都市	251 747.0	鞍山市	819 452.5
兰州市	330 209.1	济宁市	960 046.6
常州市	335 568.6	威海市	1 016 097.4
泰安市	335 702.0	台州市	1 040 117.0
扬州市	345 248.9	丹阳市	1 221 834.4
宝鸡市	346 659.6	龙口市	1 256 046.6
南阳市	347 214.0	南昌市	1 309 540.5
泉州市	389 246.7	郑州市	1 312 151.2
余姚市	456 109.4	许昌市	1 589 849.0
乐清市	493 225.6	南通市	1 769 393.6
中山市	510 917.0	启东市	1 873 395.5
揭阳市	593 102.0	常熟市	2 147 124.0
重庆市	593 994.0	珠海市	2 232 752.6
福州市	604 137.6	东莞市	2 355 369.2
烟台市	616 528.6	天津市	2 438 749.5
哈尔滨市	621 384.9	洛阳市	2 527 814.9
慈溪市	663 395.5	沈阳市	2 807 222.0
佛山市	715 117.9	西安市	2 963 740.7

续表

城市	人工智能上市企业总资产/万元	城市	人工智能上市企业总资产/万元
厦门市	3 162 712.3	绵阳市	7 425 603.1
柳州市	3 374 922.7	上海市	8 385 345.9
合肥市	3 428 178.9	徐州市	9 179 417.0
潍坊市	4 101 950.7	苏州市	9 490 388.0
杭州市	5 006 165.1	宁德市	10 003 710.3
济南市	5 140 960.8	南京市	11 310 783.8
青岛市	5 181 962.6	惠州市	18 483 323.4
广州市	5 350 380.0	深圳市	55 349 787.6
武汉市	7 372 261.5	北京市	125 436 027.9

2.4.2　人工智能上市企业总资产排名

人工智能上市企业按照总资产排名 Top 20 的企业如表 2-8 所示，从中可以看出企业间也存在着发展不均衡现象，排在首位的中国联通总资产高达 5701.29 亿元，比排在第 2 位的京东方 A 高出了近 40%；而排在第 20 位的人工智能上市企业烽火通信仅有 366 亿元的总资产量，不到中国联通的 1/10。从成立时间来看，总资产 Top 20 的人工智能上市企业中有 11 家企业成立时间都在 2000 年左右，成立时间较晚的宁德时代仅用了 9 年时间便以总资产超 1000 亿元位列人工智能上市企业总资产排行的第 7 位。

表 2-8　人工智能上市企业总资产排名 Top 20

证券代码	证券简称	总资产/元	成立日期
600050.SH	中国联通	570 129 086 209	2001.12.31
000725.SZ	京东方A	350 733 841 254	1993.04.09
000333.SZ	美的集团	334 662 664 000	2000.04.07
600690.SH	海尔智家	198 042 777 870	1994.03.31
000100.SZ	TCL科技	184 833 234 000	1982.03.11
000063.SZ	中兴通讯	165 432 364 000	1997.11.11
300750.SZ	宁德时代	100 037 103 427	2011.12.16
000425.SZ	徐工机械	88 614 358 542	1993.12.15
600839.SH	四川长虹	74 256 030 659	1993.04.08
002415.SZ	海康威视	71 938 322 381	2001.11.30
000050.SZ	深天马A	69 685 496 735	1983.11.08
600100.SH	同方股份	62 226 788 275	1997.06.25
600406.SH	国电南瑞	59 500 417 101	2001.02.28
000938.SZ	紫光股份	56 253 138 846	1999.03.18
000016.SZ	深康佳A	43 508 804 666	1980.10.01
600487.SH	亨通光电	42 825 167 346	1993.06.05
002456.SZ	欧菲光	42 193 801 329	2001.03.12
002241.SZ	歌尔股份	41 019 506 562	2001.06.25
000977.SZ	浪潮信息	39 828 588 327	1998.10.28
600498.SH	烽火通信	36 579 567 938	1999.12.25

2.5 人工智能上市企业人才分布

2.5.1 人工智能上市企业人员学历分布

人工智能上市企业人员学历分布如表 2-9 所示（数据统计时间截至 2019 年 12 月 31 日），表中数据显示：本科学历人员是人工智能上市企业的主要人力来源，以 647 442 人占到人员总数的 36%，硕士学历人员占人员总数的 8%，最高学历博士人员数量较少，3165 人仅占到人员总数的 0.17%，人工智能上市企业本科及以上学历人员占总人数的 44%，说明人工智能上市企业从业人员的总体学历较高。

人工智能上市企业按员工总数排名 Top 10 的企业人员学历分布如表 2-10 所示，中国联通的员工总数和本科人数均以较大优势排在首位，硕士人数也排在第 2 位，仅次于中兴通讯；中国联通、中兴通讯和海康威视的本科及以上学历人员占比较高，均在 70% 左右。

表 2-9 人工智能上市企业人员学历分布

单位：人

	人员总数	博士	硕士	本科	专科	高中及以下
总和	1 819 120	3165	144 555	647 442	347 416	257 898
平均值	7218.73	12.56	573.63	2569.21	1378.63	1023.40
最大值	243 790	385	23 241	142 972	51 855	50 236
最小值	151	未公布	未公布	未公布	未公布	未公布
中位数	2428	未公布	105	823	423.5	未公布

表 2-10 员工总数排名 Top 10 的人工智能上市企业人员学历分布

单位：人

证券代码	证券简称	人员总数	博士	硕士	本科	专科	高中及以下
600050.SH	中国联通	243 790	未公布	18 894	142 972	48 671	33 253
000333.SZ	美的集团	134 897	未公布	4422	26 867	51 855	未公布
600690.SH	海尔智家	99 757	未公布	未公布	24 175	25 346	50 236
000063.SZ	中兴通讯	70 066	374	23 241	26 315	未公布	未公布
000725.SZ	京东方A	65 017	385	8725	16 635	17 569	9079
002241.SZ	歌尔股份	59 611	65	2127	9906	13 154	未公布
600839.SH	四川长虹	49 505	37	828	8646	8209	未公布
002415.SZ	海康威视	40 403	未公布	6957	21 331	2379	未公布
000050.SZ	深天马A	39 842	44	1825	7095	8983	21 895
002456.SZ	欧菲光	36 434	20	437	3195	4141	未公布

2.5.2 人工智能上市企业人员职能分布

人工智能上市企业人员职能分布如表 2-11 所示，表中数据显示（数据统计时间截至 2019 年 12 月 31 日）：技术人员以 557 736 人占到了总人数的 31%，远高于高新技术企业的认定标准（从事研发和相关技术创新活动的科技人员占企业当年职工总数的比例不低于 10%）。由于人工智能上市企业所属行业门类主要是制造业，所以该领域人员的职能主要是生产人员，占到人员总数的 39%。从人工智能上市企业的总体情况来看，技术人员与生产人员的整体占比高达 69%，能较好地保证企业的生产研发进度。

人工智能上市企业按员工总数排名 Top 10 的企业人员职能分布如表 2-12 所示，中国联通在技术人员数量上大幅领先其他企业，但同时也存在销售人员占比较高的现象。人工智能上市企业技术人员占比的平均值为 41%（按照全部人工智能上市企业的技术人员占比计算均值），在员工总数排名 Top 10 的企业中仅有海康威视 1 家企业的技术人员占比超过了行业平均值，而有 7 家企业的生产人员占比超过 50%。

第 2 章　我国人工智能上市企业概况

表 2-11　人工智能上市企业人员职能分布

单位：人

	人员总数	高管	生产人员	销售人员	技术人员	财务人员	行政人员
总和	1 819 120	1807	701 039	304 340	557 736	24 397	102 247
平均值	7218.73	7.17	2781.9	1207.70	2213.24	96.81	405.74
最大值	243 790	19	110 568	112 750	78 389	1783	5495
最小值	151	1	未公布	9	未公布	未公布	未公布
中位数	2428	7	427	233.5	776.5	48	191.5
人员比例	—	0.10%	38.54%	16.73%	30.66%	1.34%	5.62%

表 2-12　员工总数排名 Top 10 的人工智能上市企业人员职能分布

单位：人

证券代码	证券简称	人员总数	高管	生产人员	销售人员	技术人员	财务人员	行政人员	技术人员占比
600050.SH	中国联通	243 790	7	未公布	112 750	78 389	未公布	未公布	32.2%
000333.SZ	美的集团	134 897	12	110 568	7424	未公布	1783	1395	未公布
600690.SH	海尔智家	99 757	4	59 581	19 818	16 679	1509	2170	16.7%
000063.SZ	中兴通讯	70 066	7	15 959	8985	28 301	1098	4883	40.4%
000725.SZ	京东方A	65 017	11	37 254	1956	22 830	653	305	35.1%
002241.SZ	歌尔股份	59 611	10	38 012	805	16 911	256	3627	28.4%
600839.SH	四川长虹	49 505	9	28 422	9951	5950	842	4340	12.0%
002415.SZ	海康威视	40 403	14	11 176	8129	19 065	310	1143	47.2%
000050.SZ	深天马A	39 842	8	29 306	766	7021	122	2627	17.6%
002456.SZ	欧菲光	36 434	11	29 314	184	4739	188	2009	13.0%

第 3 章　我国人工智能上市企业市场竞争力分析

上市企业的市场竞争力是指在市场竞争的前提条件下，公司利用自身的资源、优势、能力，整合外部的相应资源，从而综合运作运营的结果。结合我国人工智能上市企业的实际情况，借鉴中国科学技术信息研究所"科信智搜"平台的企业深度价值评估体系成果，将人工智能上市企业的市场竞争力测度定位在企业盈利能力、偿债能力、发展能力、运营能力、销售能力等几个方面。本章的分析数据来源见 1.5 节。

3.1　人工智能上市企业盈利能力分析

盈利能力通常是指企业在一定时期内赚取利润的能力。在本报告中，人工智能上市企业的盈利能力分析主要涉及总资产报酬率、营业利润率（营业利润/营业总收入）、净资产收益率等指标的分析。其中，总资产报酬率是指企业在一定时期内获得的报酬总额与资产平均总额的比率。它表示企业包括净资产和负债在内的全部资产的总体获利能力，用以评价企业运用全部资产的总体获利能力。营业利润率是指企业的营业利润与营业总收入的比率。它是衡量企业经营效率的指标，反映了在不考虑非营业成本的情

第3章 我国人工智能上市企业市场竞争力分析

况下,企业管理者通过经营获取利润的能力。净资产收益率是净利润与平均股东权益的比率,是公司税后利润除以净资产得到的百分比,该指标反映股东权益的收益水平,用以衡量公司运用自有资本的效率,体现了自有资本获得净收益的能力。

2015—2019年人工智能上市企业的总资产报酬率中位数、营业利润率中位数和净资产收益率中位数如表3-1所示。

表3-1 人工智能上市企业盈利能力分析指标

指标	2015年	2016年	2017年	2018年	2019年
总资产报酬率中位数	5.8065%	5.5685%	5.0038%	4.3134%	4.1635%
营业利润率中位数	8.8061%	9.0156%	9.8441%	7.9089%	7.2096%
净资产收益率中位数	8.4133%	7.3795%	7.1120%	6.4152%	6.1126%

从图3-1中可以看出,人工智能领域的总资产报酬率中位数从2015年的5.8065%变成了2019年的4.1635%,呈逐年下降的趋势,这表明人工智能行业的上市企业运用全部资产的总体获利能力在逐年下降。人工智能领域的营业利润率中位数在2016年和2017年出现短暂增长后也呈下降趋势,这表明在不考虑非营业成本的情况下,人工智能领域的上市企业整体的经营效率在下降。从2015—2019年净资产收益率的中位数大小变化可以看出,人工智能领域的上市企业运用自由资本的效率也在逐年下降。从

2015—2019年人工智能领域的总资产报酬率、营业利润率及净资产收益率的行业整体变化情况来看，人工智能领域的上市企业整体盈利能力在下降。

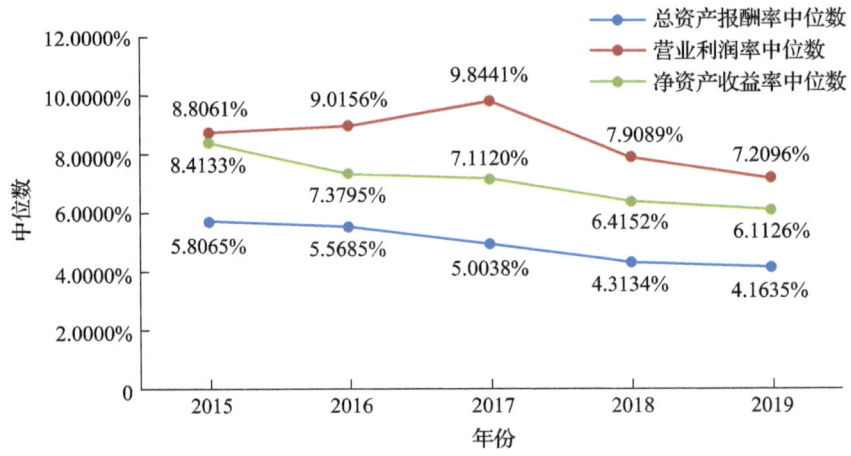

图 3-1　人工智能上市企业盈利能力分析指标中位数变化

表 3-2 至表 3-4 分别列出了人工智能领域总资产报酬率、营业利润率和净资产收益率排名 Top 10 的上市企业。

表 3-2　人工智能领域总资产报酬率排名 Top 10 的上市企业

证券代码	证券简称	总资产报酬率
002925.SZ	盈趣科技	29.9817%
300590.SZ	移为通信	25.8592%
603666.SH	亿嘉和	21.1454%
002415.SZ	海康威视	19.8209%
002841.SZ	视源股份	19.3111%
002690.SZ	美亚光电	17.3781%
603025.SH	大豪科技	17.3522%

续表

证券代码	证券简称	总资产报酬率
300136.SZ	信维通信	16.3711%
600271.SH	航天信息	15.5342%
603416.SH	信捷电气	15.2839%

表3-3 人工智能领域营业利润率排名 Top 10 的上市企业

证券代码	证券简称	营业利润率
002690.SZ	美亚光电	38.1613%
603025.SH	大豪科技	35.2592%
603528.SH	多伦科技	31.9537%
300590.SZ	移为通信	31.9520%
600289.SH	*ST信通	31.4498%
002925.SZ	盈趣科技	29.3946%
603666.SH	亿嘉和	29.3798%
002222.SZ	福晶科技	29.0874%
300445.SZ	康斯特	28.7780%
603416.SH	信捷电气	28.5739%

表3-4 人工智能领域净资产收益率排名 Top 10 的上市企业

证券代码	简称	净资产收益率
002925.SZ	盈趣科技	39.2155%
002841.SZ	视源股份	38.6279%
002415.SZ	海康威视	29.9778%
300590.SZ	移为通信	29.4022%

续表

证券代码	简称	净资产收益率
300750.SZ	宁德时代	26.1174%
603666.SH	亿嘉和	25.2106%
002869.SZ	金溢科技	25.0820%
300136.SZ	信维通信	24.8483%
000333.SZ	美的集团	24.2910%
300567.SZ	精测电子	21.7128%

3.2　人工智能上市企业偿债能力分析

企业的偿债能力是指企业用其资产偿还长期债务与短期债务的能力,是反映企业财务状况的重要标志。偿债能力是企业偿还到期债务的承受能力或保证程度,包括偿还短期债务和长期债务的能力。在本报告中,人工智能上市企业的偿债能力分析主要涉及流动比率、资产负债率、长期资本负债率等指标的分析。其中,流动比率表示每1元流动负债有多少流动资产作为偿还的保证,具体计算方法如式(3-1)所示。它反映公司流动资产对流动负债的保障程度。一般情况下,流动比率越大,表明公司短期偿债能力越强。资产负债率是企业负债总额占企业资产总额的百分比,计算方法如式(3-2)所示。这个指标反映了在企业的全部资产中由债权人提供的资产所占比重的大小,反映了债权人向企业提供信贷资金的风险程度,也反映了企业举债经营的能力。长期资本负债率是指非流动负债占长期资本的百分比,其计算方法如式

(3-3)所示。长期资本负债率是反映企业长期偿债能力的指标之一。长期资本负债率越高说明企业的长期偿债能力越弱,债权人的安全性也就越低。

$$流动比率 = \frac{流动资产合计}{流动负债合计} \times 100\% 。 \quad (3-1)$$

$$资产负债率 = \frac{负债总额}{资产总额} \times 100\% 。 \quad (3-2)$$

$$长期资本负债率 = \frac{非流动负债}{非流动负债 + 股东权益} \times 100\% 。 \quad (3-3)$$

2015—2019 年人工智能上市企业的流动比率中位数、资产负债率中位数和长期资本负债率中位数如表 3-5 所示。

表 3-5　人工智能上市企业偿债能力分析指标

指标	2015 年	2016 年	2017 年	2018 年	2019 年
流动比率中位数	2.0449%	2.1975%	1.9864%	1.8239%	1.7959%
资产负债率中位数	37.0687%	33.8329%	37.6189%	40.3532%	41.8077%
长期资本负债率中位数	3.6810%	4.2297%	4.8341%	5.7814%	6.7843%

从图 3-2 和图 3-3 中可以看出,人工智能上市企业的流动比率中位数呈逐年下降趋势,这表明 2015—2019 年人工智能上市企业的短期偿债能力在逐年减弱。从资产负债率中位数变化可以看出,自 2016 年起人工智能领域的上市企业负债经营的风险在逐年

增高，举债经营的能力在逐渐减弱。从长期资本负债率中位数逐年增高这种变化可以看出，人工智能上市企业的长期偿债能力在逐年减弱。综合上述 3 个指标，可以看出 2015—2019 年人工智能上市企业的偿债能力在逐年下降。

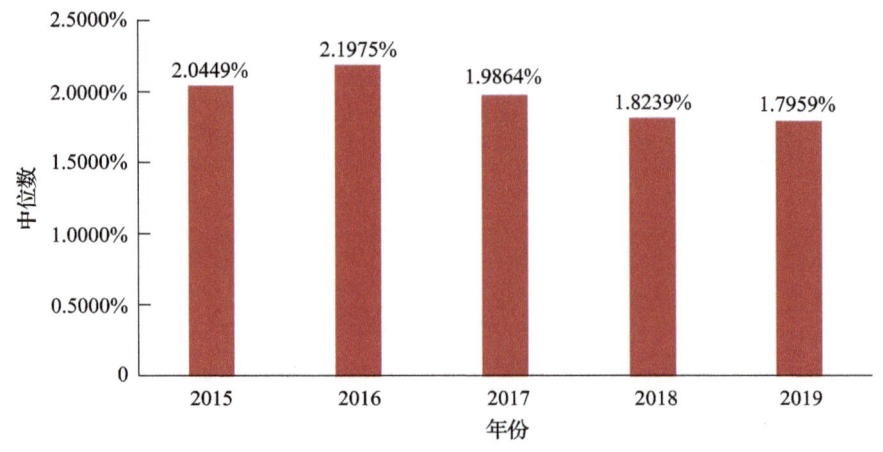

图 3-2　人工智能上市企业流动比率中位数变化

表 3-6 至表 3-8 分别列出了人工智能领域流动比率、资产负债率和长期资本负债率排名 Top 10 的上市企业。从表 3-6 中可以看出，北京君正集成电路股份有限公司（北京君正）、朗科科技股份有限公司（朗科科技）、江苏东华测试技术股份有限公司（东华测试）的偿债能力在人工智能领域内具有较强的竞争力。资产负债率这个指标反映的是企业举债经营的能力。从表 3-7 不难看出，北京信威科技集团股份有限公司（*ST 信威）、暴风集团股份有限公司（暴风集团）、天津环球磁卡股份有限公司（天津磁卡）、上海飞乐音响股份有限公司（飞乐音响）及大唐电信科技股份有限公司（大唐电信）等企业的举债经营能力在整个人工智

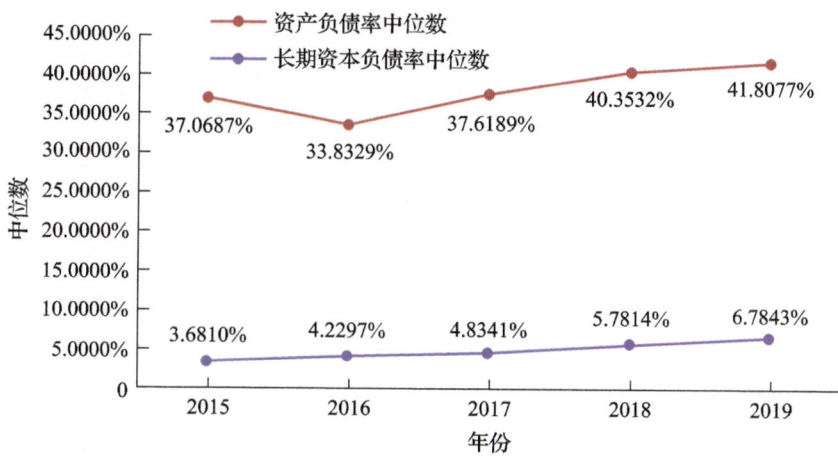

图 3-3 人工智能上市企业资产负债率和长期资产负债率中位数变化

能领域竞争力较弱,具有较高的负债经营风险。表 3-8 中列出的是人工智能领域长期偿债能力最弱的 10 家上市企业,如大唐电信科技股份有限公司(大唐电信)、上海飞乐音响股份有限公司(飞乐音响)等企业。

表 3-6 人工智能领域流动比率排名 Top 10 的上市企业

证券代码	证券简称	流动比率
300223.SZ	北京君正	39.7867%
300042.SZ	朗科科技	15.3504%
300354.SZ	东华测试	11.9025%
603025.SH	大豪科技	9.7345%
300508.SZ	维宏股份	9.0558%
300183.SZ	东软载波	8.7651%
300480.SZ	光力科技	8.3593%

续表

证券代码	证券简称	流动比率
002690.SZ	美亚光电	7.4606%
300202.SZ	聚龙股份	7.2774%
300018.SZ	中元股份	7.1296%

表3-7　人工智能领域资产负债率排名Top 10的上市企业

证券代码	证券简称	资产负债率
600485.SH	*ST信威	150.7478%
300431.SZ	暴风集团	87.9666%
600800.SH	天津磁卡	87.3872%
600651.SH	飞乐音响	83.4352%
600198.SH	大唐电信	82.8163%
002121.SZ	科陆电子	76.7710%
000016.SZ	深康佳A	74.4823%
002248.SZ	华东数控	71.0588%
300001.SZ	特锐德	71.0413%
600268.SH	国电南自	70.8455%

表3-8　人工智能领域长期资本负债率排名Top 10的上市企业

证券代码	证券简称	长期资本负债率
600198.SH	大唐电信	83.9376%
600651.SH	飞乐音响	68.9053%
000100.SZ	TCL科技	57.5893%
000725.SZ	京东方A	50.7600%

续表

证券代码	证券简称	长期资本负债率
002121.SZ	科陆电子	49.9259%
300007.SZ	汉威科技	42.0334%
300273.SZ	和佳医疗	39.7103%
600690.SH	海尔智家	36.8709%
603019.SH	中科曙光	35.7877%
000066.SZ	中国长城	34.5989%

3.3　人工智能上市企业发展能力分析

企业的发展能力是企业通过自身的生产经营活动，不断扩大积累而形成的发展潜能。企业发展能力衡量的核心是企业价值增长率。企业能否健康发展取决于多种因素，包括外部经营环境、企业内在素质及资源条件等。在本报告中，人工智能上市企业的偿债能力分析主要涉及营业收入增长率、总资产增长率、资本积累率等方面的分析。其中，营业收入增长率是企业在一定期间内取得的营业收入与其上年同期营业收入增长的比率，以反映企业在此期间营业收入的增长或下降等情况。它是检验上市公司上一年挣钱能力是否提高的标准，营业收入同比增长，说明公司在上一年度挣钱的能力加强了，营业收入同比下降，则说明公司的挣钱能力稍逊于往年。总资产增长率是企业年末总资产的增长额同年初资产总额之比。本年总资产增长额为本年总资产的年末数减去本年年初数的差额，它是分析企业当年资本积累能力和发展能力的主要指标。

2015—2019 年人工智能上市企业的营业收入增长率中位数和总资产增长率中位数如表 3-9 所示。

表 3-9 人工智能上市企业发展能力分析指标

指标	2015 年	2016 年	2017 年	2018 年	2019 年
营业收入增长率中位数	14.6122%	18.8071%	22.4778%	12.2483%	6.4851%
总资产增长率中位数	19.3218%	19.4357%	15.7123%	8.4507%	7.6974%

从图 3-4 中可以看出，人工智能上市企业的总资产增长率中位数在 2016 年出现少量增长后呈逐年下降趋势，营业收入增长率中位数在 2016—2017 年这两年连续增长后也呈逐年下降趋势。这表明近年来尤其是 2017 年以后人工智能上市企业的创收能力和资本积累能力都在逐渐减弱，这个行业整体的发展能力在减弱。

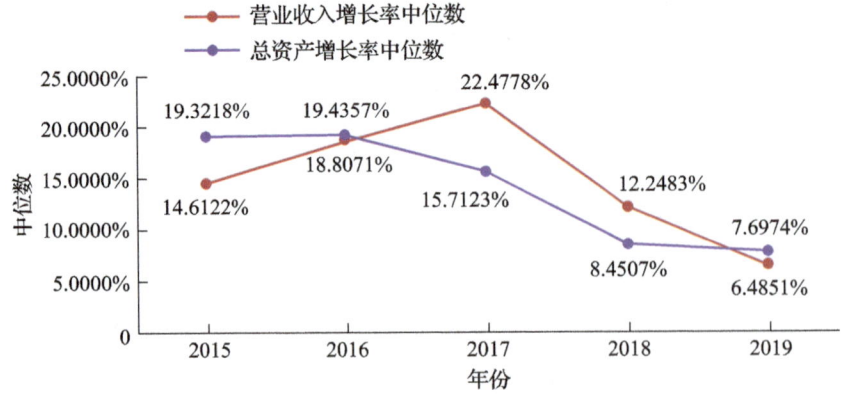

图 3-4 人工智能上市企业发展能力测度指标的中位数变化

表 3-10 和表 3-11 分别列出了人工智能领域营业收入增长率和总资产增长率排名 Top 10 的上市企业。从表 3-10 中可以看出，中际旭创股份有限公司（中际旭创）、杭州联络互动信息科技股份有限公司（联络互动）、宁德时代新能源科技股份有限公司（宁德时代）等企业的创收能力在整个人工智能领域都具有较强的竞争力。从表 3-11 中可以看出，中际旭创股份有限公司（中际旭创）、宁德时代新能源科技股份有限公司（宁德时代）、紫光股份有限公司（紫光股份）、杭州联络互动信息科技股份有限公司（联络互动）等企业的资本积累能力在整个人工智能领域都具有较强的竞争力。综合上述指标可以看出，中际旭创股份有限公司（中际旭创）、杭州联络互动信息科技股份有限公司（联络互动）、宁德时代新能源科技股份有限公司（宁德时代）这 3 家公司的发展能力在整个人工智能领域处于领先地位。

表 3-10　人工智能领域营业收入增长率排名 Top 10 的上市企业

证券代码	证券简称	营业收入增长率
300308.SZ	中际旭创	362.5000%
002280.SZ	联络互动	223.4966%
300750.SZ	宁德时代	171.1888%
300209.SZ	天泽信息	115.0943%
300552.SZ	万集科技	95.7513%
002869.SZ	金溢科技	85.6911%
300324.SZ	旋极信息	69.5201%
002115.SZ	三维通信	57.3267%
000977.SZ	浪潮信息	51.8190%
300607.SZ	拓斯达	51.3209%

表 3-11 人工智能领域总资产增长率排名 Top 10 的上市企业

证券代码	证券简称	总资产增长率
300308.SZ	中际旭创	233.0259%
300750.SZ	宁德时代	118.1896%
000938.SZ	紫光股份	113.2667%
002280.SZ	联络互动	94.8288%
603666.SH	亿嘉和	73.8705%
300567.SZ	精测电子	73.6570%
300638.SZ	广和通	72.1262%
300667.SZ	必创科技	70.1842%
002925.SZ	盈趣科技	67.9947%
300613.SZ	富瀚微	67.8461%

3.4 人工智能上市企业运营能力分析

企业运营能力主要指企业营运资产的效率与效益。企业运营能力分析就是要通过反映企业资产营运效率与效益的指标进行计算和分析，评价企业的运营能力，为企业提高经济效益指明方向。根据企业运营能力分析的含义和目的，企业运营能力分析主要涉及全部资产运营能力分析、流动资产运营能力分析、固定资产运营能力分析等方面。

在本报告中，人工智能上市企业的运营能力分析主要用应收账款周转率、流动资产周转率、固定资产周转率、总资产周转率及存货周转率这 5 个指标来度量和表征。其中，应收账款周转率是在指定的分析期间内应收账款转为现金的平均次数。一般情况下，应收账款周转率越高越好，周转率越高，表明赊账越少，收账迅速，账龄较短；资产流动性强，短期偿债能力强；可以减少坏账损失等。反之，说明营运资金过多呆滞在应收账款上，影响正常资金周转及偿债能力。流动资产周转率是销售收入与流动资产平均余额的比率，它反映的是全部流动资产的周转速度和利用效率。流动资产周转率是分析流动资产周转情况、评价企业资产利用率的一个重要指标。一般情况下，该指标越高，说明企业流动资产的利用效率越好。固定资产周转率又称为固定资产利用率，是指企业年产品销售收入净额与固定资产平均净值的比率。它是反映企业固定资产周转情况，从而衡量固定资产利用效率的一项指标。固定资产周转率主要用于分析对厂房、设备等固定资产的利用效率，比率越高，说明利用率越高，管理水平越好。总资产周转率是企业在一定时期的销售收入净额与平均资产总额的比值，它是衡量资产投资规模与销售水平之间配比情况的指标。它是综合评价企业全部资产的经营质量和利用效率的重要指标。总资产周转率越高，说明企业销售能力越强，资产投资的效益越好。存货周转率是企业运营能力分析的重要指标之一，是企业一定时期主营业务成本与平均存货余额的比率。它是对流动资产周转率的补充说明，是衡量企业投入生产、存货管理水平、销售收回能力的综合性指标。存货周转率越高，表明企业存货资产变现能力越强，存货及占用在存货上的资金周转速度越快。

2015—2019年人工智能领域能表征这个行业的上市企业整体运营能力的指标值如应收账款周转率中位数、流动资产周转率中位数、固定资产周转率中位数、总资产周转率中位数及存货周转率中位数等如表 3-12 所示。

表 3-12 人工智能上市企业运营能力分析指标

单位：次

指标	2015 年	2016 年	2017 年	2018 年	2019 年
应收账款周转率中位数	2.9518	3.0184	2.9771	2.8388	2.7823
流动资产周转率中位数	0.8382	0.8101	0.8164	0.8236	0.8076
固定资产周转率中位数	4.9237	5.5234	5.4421	5.3602	5.2766
总资产周转率中位数	0.5610	0.5247	0.5074	0.5115	0.5035
存货周转率中位数	3.2413	3.2468	3.1246	3.1270	3.1010

从图 3-5 中可以看出，人工智能上市企业的应收账款周转率、流动资产周转率、固定资产周转率、总资产周转率、存货周转率等指标的中位数除固定资产周转率中位数这一指标在 2016 年有大幅波动外，其他年份各指标基本都维持在一个固定的水平，无大幅波动。这表明近年来人工智能行业整体的企业运营能力基本维持在一个固定的水平。

表 3-13 至表 3-17 分别列出了人工智能领域应收账款周转率、流动资产周转率、固定资产周转率、总资产周转率及存货周转率

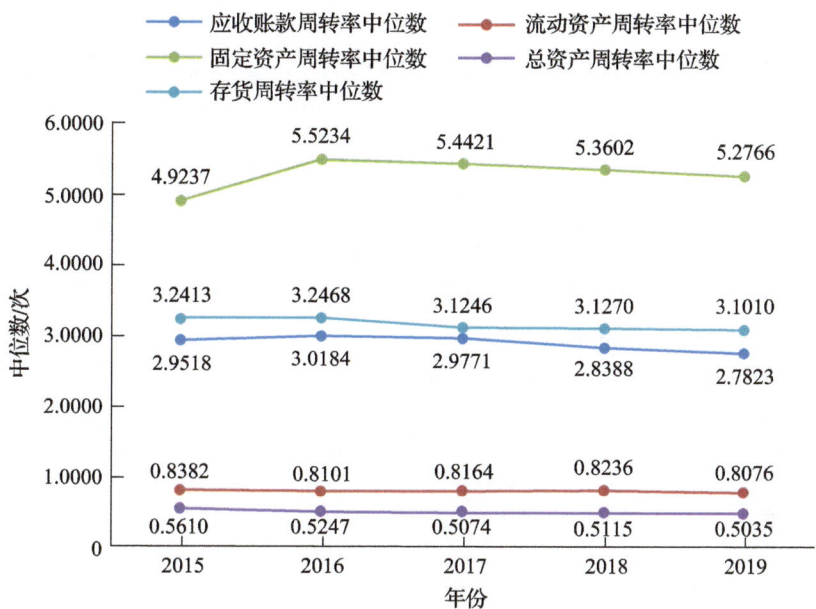

图 3–5　人工智能上市企业运营能力测度指标的中位数变化

排名 Top 10 的上市企业。

表 3–13　人工智能领域应收账款周转率排名 Top 10 的上市企业

证券代码	证券简称	应收账款周转率/次
002841.SZ	视源股份	767.6041
002242.SZ	九阳股份	68.1327
300458.SZ	全志科技	47.7941
002238.SZ	天威视讯	30.6899
002410.SZ	广联达	20.8382
600271.SH	航天信息	19.5486
603515.SH	欧普照明	17.9944
002315.SZ	焦点科技	17.7185

续表

证券代码	证券简称	应收账款周转率/次
300042.SZ	朗科科技	16.9736
600050.SH	中国联通	15.8132

表 3-14 人工智能领域流动资产周转率排名 Top 10 的上市企业

证券代码	证券简称	流动资产周转率/次
600050.SH	中国联通	3.9064
002841.SZ	视源股份	3.7129
000938.SZ	紫光股份	2.5173
603486.SH	科沃斯	2.1434
002456.SZ	欧菲光	2.1210
601231.SH	环旭电子	2.0773
000977.SZ	浪潮信息	2.0610
600271.SH	航天信息	2.0212
000016.SZ	深康佳A	1.9589
600690.SH	海尔智家	1.9142

表 3-15 人工智能领域固定资产周转率排名 Top 10 的上市企业

证券代码	证券简称	固定资产周转率/次
000938.SZ	紫光股份	134.1158
300590.SZ	移为通信	123.3006
002280.SZ	联络互动	87.8388
600728.SH	佳都科技	79.9274
300449.SZ	汉邦高科	71.6476

续表

证券代码	证券简称	固定资产周转率/次
000977.SZ	浪潮信息	64.6025
300598.SZ	诚迈科技	58.4302
300638.SZ	广和通	56.0364
600446.SH	金证股份	52.9397
603666.SH	亿嘉和	46.5656

表 3-16　人工智能领域总资产周转率排名 Top 10 的上市企业

证券代码	证券简称	总资产周转率/次
002841.SZ	视源股份	2.9030
000977.SZ	浪潮信息	1.7795
601231.SH	环旭电子	1.7477
603486.SH	科沃斯	1.6185
600271.SH	航天信息	1.5703
300638.SZ	广和通	1.4794
000016.SZ	深康佳A	1.4191
000938.SZ	紫光股份	1.3606
600060.SH	海信视像	1.3517
002242.SZ	九阳股份	1.3166

表 3-17　人工智能领域存货周转率排名 Top 10 的上市企业

证券代码	证券简称	存货周转率/次
603888.SH	新华网	2760.7870
300288.SZ	朗玛信息	99.1652

续表

证券代码	证券简称	存货周转率/次
002148.SZ	北纬科技	98.0536
300598.SZ	诚迈科技	96.3251
600588.SH	用友网络	77.8498
600050.SH	中国联通	77.4874
300036.SZ	超图软件	76.0322
002315.SZ	焦点科技	71.9316
002280.SZ	联络互动	60.7874
300496.SZ	中科创达	53.8317

3.5　人工智能上市企业销售能力分析

销售能力是企业市场营销能力最直接的体现，也是所有市场销售行为结果的体现。在本报告中，人工智能上市企业的销售能力分析主要用销售净利率、主营业务收入、销售人员数量及销售人员占比这 4 个指标来度量和表征。其中，销售净利率是指企业实现净利润与销售收入的对比关系，用以衡量企业在一定时期的销售收入获取能力。它反映每一元销售收入带来的净利润的多少，表示销售收入的收益水平。主营业务收入是指企业从事本行业生产经营活动所取得的营业收入，是考核企业经营者经营业绩的主要指标之一。销售人员占比是指销售人员数量占企业员工总数之比。

2015—2019 年人工智能领域能表征这个行业的上市企业整体

销售能力的指标值如表 3-18 所示，具体包括销售净利率中位数、主营业务收入中位数、销售人员数量中位数及销售人员占比中位数等指标。

表 3-18　人工智能上市企业销售能力分析指标

指标	2015 年	2016 年	2017 年	2018 年	2019 年
销售净利率中位数	10.0355%	9.8131%	8.8145%	7.1504%	6.5536%
主营业务收入中位数/万元	102 242.51	134 972.57	165 055.31	188 580.02	198 028.31
销售人员数量中位数/人	193.0	204.0	214.0	221.0	233.5
销售人员占比中位数	11.1332%	12.2373%	12.1531%	12.4523%	12.0716%

图 3-6 至图 3-9 分别是 2015—2019 年人工智能上市企业的销售净利率、主营业务收入、销售人员数量及销售人员占比的中位数随时间变化的趋势。从图 3-6 中不难看出，人工智能行业的销售净利率中位数从 2015 年起开始呈逐年下降趋势，这表明人工智能上市企业整体的销售收入的收益水平在逐渐下降。从图 3-7 中人工智能上市企业主营业务收入的中位数变化来看，人工智能上市企业整体的销售收入呈逐年增长趋势，表明这个行业的企业经营者经营业绩在逐年变好。

从图 3-8 所示的 2015—2019 年人工智能上市企业销售人员数

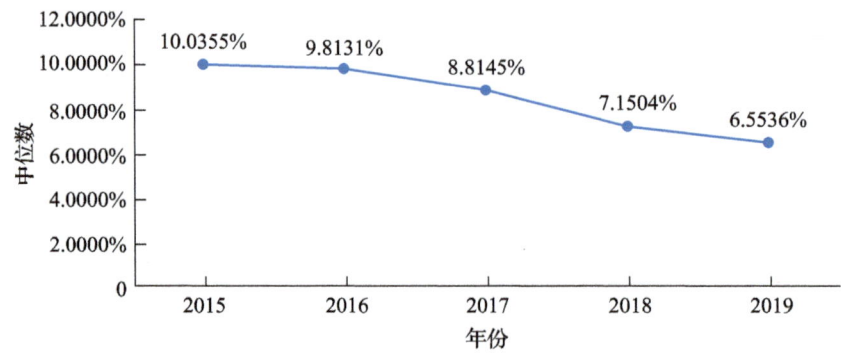

图 3-6　人工智能上市企业销售净利率的中位数变化

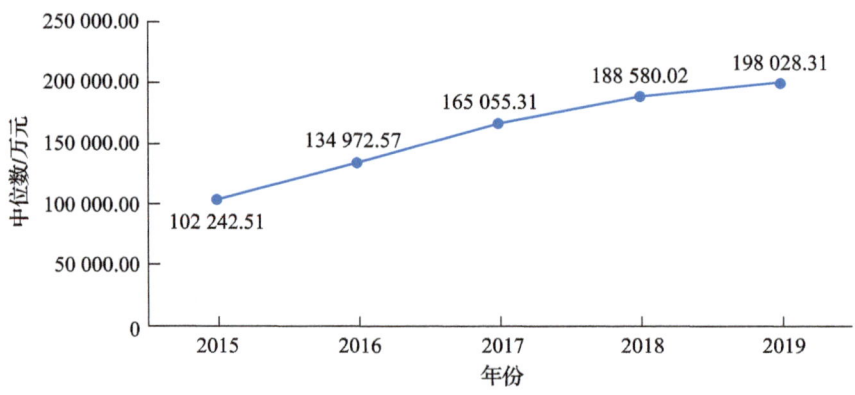

图 3-7　人工智能上市企业主营业务收入的中位数变化

量的中位数变化趋势可以看出，人工智能行业整体的销售人员数量每年都以小幅增长的趋势在变化。从图 3-9 所示的人工智能上市企业销售人员占比的中位数变化来看，该行业销售人员占比的中位数则是从 2015 年起呈波动式增长。

表 3-19 至表 3-22 分别列出了人工智能领域销售净利率、主营业务收入、销售人员数量及销售人员占比排名 Top 10 的上市企业。

第 3 章　我国人工智能上市企业市场竞争力分析

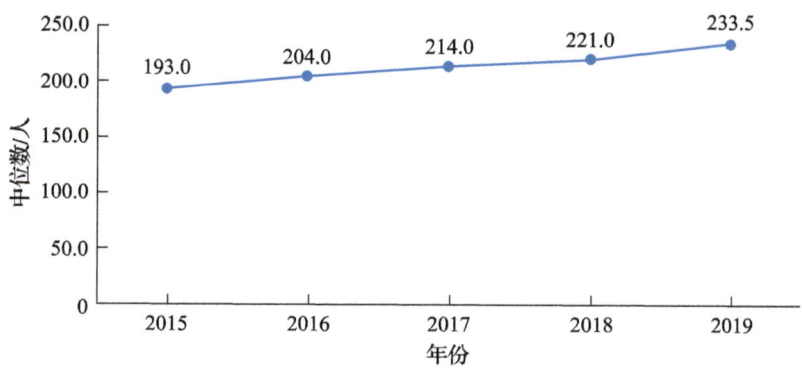

图 3-8　人工智能上市企业销售人员数量的中位数变化

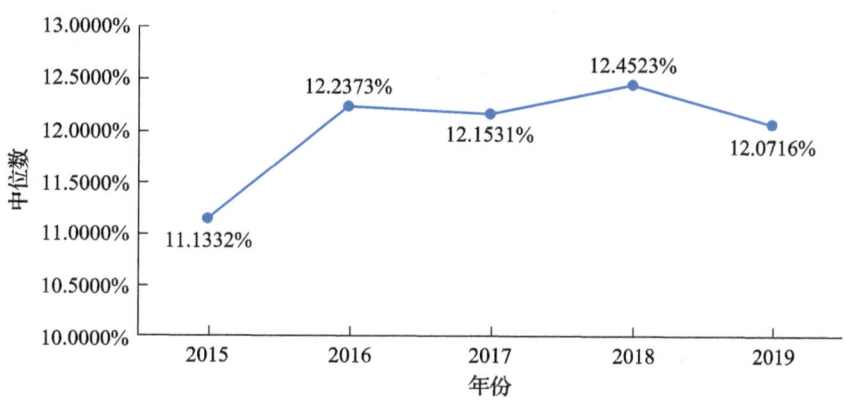

图 3-9　人工智能上市企业销售人员占比的中位数变化

表 3-19　人工智能领域销售净利率排名 Top 10 的上市企业

证券代码	证券简称	销售净利率
002690.SZ	美亚光电	34.7756%
603025.SH	大豪科技	32.5490%
300590.SZ	移为通信	29.7573%
603528.SH	多伦科技	28.8376%
603666.SH	亿嘉和	27.4101%

续表

证券代码	证券简称	销售净利率
300183.SZ	东软载波	27.2275%
300445.SZ	康斯特	27.0120%
300508.SZ	维宏股份	26.6934%
603416.SH	信捷电气	26.2305%
002222.SZ	福晶科技	26.0511%

表 3-20　人工智能领域主营业务收入排名 Top 10 的上市企业

证券代码	证券简称	主营业务收入/万元
600050.SH	中国联通	28 149 311.79
000333.SZ	美的集团	21 521 568.10
600690.SH	海尔智家	15 042 943.12
000100.SZ	TCL 科技	10 218 470.12
000063.SZ	中兴通讯	9 729 691.52
000725.SZ	京东方 A	8 489 766.51
600839.SH	四川长虹	7 636 675.84
002415.SZ	海康威视	4 131 922.61
000938.SZ	紫光股份	3 650 709.97
002456.SZ	欧菲光	3 481 043.13

表 3-21　人工智能领域销售人员数量排名 Top 10 的上市企业

证券代码	证券简称	销售人员数量/人
600050.SH	中国联通	102 665.0
600690.SH	海尔智家	15 527.2

续表

证券代码	证券简称	销售人员数量/人
600839.SH	四川长虹	13 063.4
000063.SZ	中兴通讯	11 295.2
000100.SZ	TCL科技	9656.2
600060.SH	海信视像	9277.0
002415.SZ	海康威视	5645.0
000016.SZ	深康佳A	4690.4
000333.SZ	美的集团	4638.6
600498.SH	烽火通信	3689.2

表3-22　人工智能领域销售人员占比排名Top 10的上市企业

证券代码	证券简称	销售人员占比
300627.SZ	华测导航	52.5893%
300431.SZ	暴风集团	49.7422%
002410.SZ	广联达	47.4013%
600060.SH	海信视像	46.1232%
002315.SZ	焦点科技	45.1961%
600050.SH	中国联通	41.8895%
000977.SZ	浪潮信息	40.0797%
600831.SH	广电网络	39.7854%
300206.SZ	理邦仪器	36.0710%
600446.SH	金证股份	33.9418%

第4章 我国人工智能上市企业科技创新力分析

随着世界经济环境的变化和科技水平的发展，企业面对的市场竞争愈加激烈，企业只有通过不断创新，不断产生满足市场要求的新产品，才能够获得长远的发展。企业科技创新力是企业在某一科学技术领域具备发明创新的综合实力，具体受经济实力、知识结构及创新精神影响。借鉴中国科学技术信息研究所"科信智搜"平台的企业深度价值评估体系研究成果，人工智能上市企业科技创新力分析聚焦创新投入、基础研究能力、应用研究能力、技术竞争度、行业竞争度等分析维度。本章的分析数据来源见1.5节。

4.1 企业的创新投入分析

企业对科技创新的重视程度即企业创新精神的强弱主要体现在其科研经费投入和研发人员构成两个方面。表4-1列出了2015—2019年人工智能上市企业创新投入概况的指标值，具体包括研发支出合计平均值、研发支出合计中位数、研发人员数量平均值、研发人员数量中位数、研发人员占比平均值、研发人员占比中位数等指标。

表 4-1 人工智能上市企业创新投入概况分析指标

指标	2015 年	2016 年	2017 年	2018 年	2019 年
研发支出合计平均值/万元	28 880.95	33 784.93	41 560.96	48 758.14	56 454.35
研发人员数量平均值/人	1158	1197	1312	1446	1562
研发人员占比平均值	27.98%	29.24%	30.18%	30.28%	30.57%
研发支出合计中位数/万元	8417.35	9310.97	12 033.24	15 427.26	17 241.61
研发人员数量中位数/人	466	521	549	582	617
研发人员占比中位数	23.35%	25.27%	27.38%	27.30%	27.58%

从图 4-1 和图 4-2 可以看出，自 2015 年起人工智能上市企业的研发投入和研发人员数量都在逐年增加，图 4-3 所示的研发人员占比虽然 2017—2019 年变化幅度不大，但也基本呈增长趋势。由此可以看出，2015—2019 年人工智能上市企业对企业自身的科技创新非常重视，创新投入在逐年增长。

图 4-1　人工智能上市企业研发支出的平均值及中位数变化

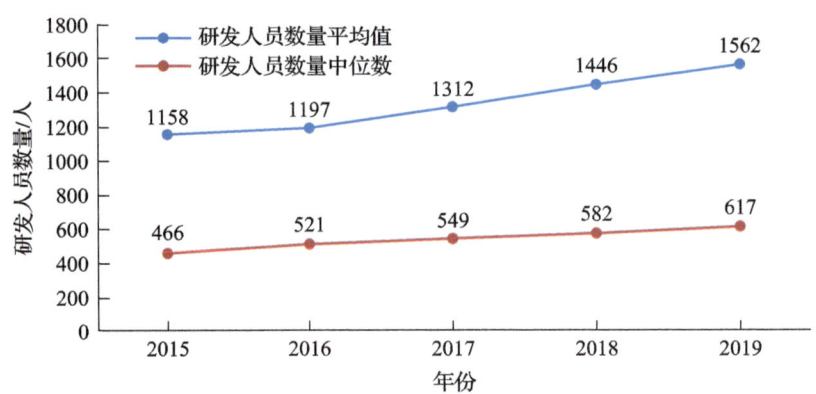

图 4-2　人工智能上市企业研发人员数量的平均值及中位数变化

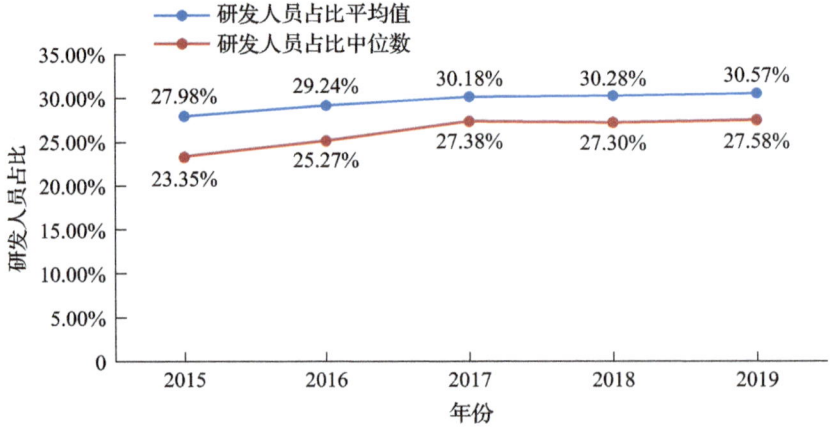

图 4-3　人工智能上市企业研发人员占比的平均值及中位数变化

表 4-2 至表 4-4 分别列出了人工智能领域研发支出合计、研发人员数量及研发人员占比排名 Top 10 的上市企业。

表 4-2　人工智能领域研发支出合计排名 Top 10 的上市企业

证券代码	证券简称	研发支出合计/万元
000063.SZ	中兴通讯	1 227 565.64
000333.SZ	美的集团	785 146.84
000725.SZ	京东方 A	608 329.03
000100.SZ	TCL 科技	477 761.58
600690.SH	海尔智家	448 168.91
002415.SZ	海康威视	346 337.09
000938.SZ	紫光股份	243 280.23
600498.SH	烽火通信	217 024.44
002236.SZ	大华股份	184 937.88
002456.SZ	欧菲光	184 734.35

表 4-3　人工智能领域研发人员数量排名 Top 10 的上市企业

证券代码	证券简称	研发人员数量/人
000063.SZ	中兴通讯	29 000
600718.SH	东软集团	13 648
002415.SZ	海康威视	12 941
600690.SH	海尔智家	12 662
000725.SZ	京东方 A	12 447
000333.SZ	美的集团	10 796
000100.SZ	TCL 科技	8011
002241.SZ	歌尔股份	7590

续表

证券代码	证券简称	研发人员数量/人
600839.SH	四川长虹	6758
002236.SZ	大华股份	6029

表 4-4　人工智能领域研发人员占比排名 Top 10 的上市企业

证券代码	证券简称	研发人员占比
300496.SZ	中科创达	90.1920%
300598.SZ	诚迈科技	90.1850%
300608.SZ	思特奇	88.2500%
300613.SZ	富瀚微	81.9833%
600718.SH	东软集团	78.3940%
600289.SH	*ST 信通	76.2740%
300223.SZ	北京君正	75.4780%
300458.SZ	全志科技	74.4860%
300183.SZ	东软载波	70.8800%
300672.SZ	国科微	68.9400%

4.2　企业的基础研究能力分析

企业的基础研究能力主要体现在企业所发表论文的质量和数量上。本报告主要用企业发表的核心论文数（简称"论文数"）和人均核心论文数（简称"人均论文数"）对人工智能上市企业基础研究能力进行测度和分析。表4-5列出了2015—2018年人工智能上市企业创新投入概况的指标值，具体包括论文数平均值、论文数中位数、人均论文数平均值、人均论文数中位数等指标。

表4-5 人工智能上市企业基础研究分析指标

单位：篇

指标	2015年	2016年	2017年	2018年
论文数平均值	2.4484	2.1905	12.3214	2.3214
人均论文数平均值	0.0008	0.0007	0.0036	0.0007
论文数中位数	0	0	2	0
人均论文数中位数	0	0	0.0007	0

从图4-4和图4-5可以看出，2015—2018年人工智能上市企业的基础研究能力除了在2017年有所突破外，其余年份基本都维持在一个固定的水平。

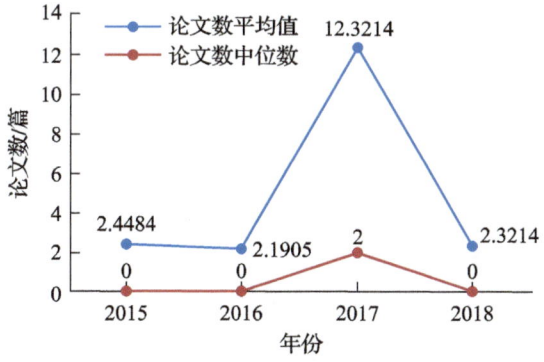

图4-4 人工智能上市企业发表论文数的
平均值及中位数变化

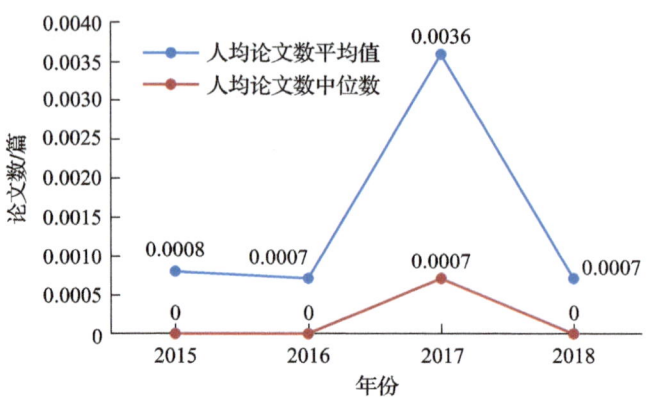

图 4-5　人工智能上市企业人均发表论文数的
平均值及中位数变化

表 4-6 和表 4-7 分别列出了人工智能领域发表论文数和人均发表论文数排名 Top 10 的上市企业。

表 4-6　人工智能领域发表论文数排名 Top 10 的上市企业

公司全称	论文数/篇
国电南瑞科技股份有限公司	468
中设设计集团股份有限公司	467
许继电气股份有限公司	339
中兴通讯股份有限公司	291
广州杰赛科技股份有限公司	201
洛阳轴研科技股份有限公司	187
中信重工机械股份有限公司	182
北京四方继保自动化股份有限公司	148
沈阳新松机器人自动化股份有限公司	131
山推工程机械股份有限公司	112

表 4-7　人工智能领域人均发表论文数排名 Top 10 的上市企业

公司全称	人均论文数/篇
中设设计集团股份有限公司	0.0254
洛阳轴研科技股份有限公司	0.0225
国电南瑞科技股份有限公司	0.0215
光力科技股份有限公司	0.0170
许继电气股份有限公司	0.0119
甘肃蓝科石化高新装备股份有限公司	0.0103
北京金自天正智能控制股份有限公司	0.0092
北京四方继保自动化股份有限公司	0.0087
无锡信捷电气股份有限公司	0.0087
重庆梅安森科技股份有限公司	0.0069

4.3　企业的应用研究能力分析

在本报告中，人工智能上市企业的应用研究能力主要用企业专利申请量及核心专利数、发明专利数、核心发明专利数、人均发明专利数等指标来测度和分析，表 4-8 列出了上述各指标的具体数值，其中核心发明专利指法律状态持续有效发明专利。

表 4-8　人工智能上市企业应用研究分析指标

单位：件

指标	2015 年	2016 年	2017 年	2018 年	2019 年
专利申请量平均值	122.3452	148.7302	153.0714	162.1825	125.4127

续表

指标	2015 年	2016 年	2017 年	2018 年	2019 年
核心专利数平均值	79.7103	92.9921	84.8294	77.1270	55.3373
发明专利数平均值	73.0675	89.2659	90.3095	92.2460	70.6349
核心发明专利数平均值	36.5476	36.8691	22.7103	7.3809	0.6389
人均发明专利数平均值	0.0141	0.0178	0.0157	0.0154	0.0131
专利申请量中位数	21	28	27	30	25
核心专利数中位数	12	15	14	10	7
发明专利数中位数	9	12	13	14	14
核心发明专利数中位数	5	5	2	0	0
人均发明专利数中位数	0.0059	0.0066	0.0068	0.0073	0.0066

图 4-6 至图 4-8 分别展示了 2015—2019 年人工智能上市企业的专利申请量、核心专利数、发明专利数、核心发明专利数及人均发明专利数的平均值和中位数的变化情况。从图 4-6 和图 4-7 可以看出，人工智能上市企业的专利申请量、发明专利数在 2015—2018 年呈逐年增长趋势，2019 年开始下降；核心专利数和核心发明专利数则是在 2016 年出现少量增长后呈逐年下降趋势。这表明人工智能上市企业申请的专利数在 2019 年以前逐年增加，但专利质量却逐年降低。另外，从图 4-8 所示的人工智能上市企业人均发明专利数的平均值和中位数的变化可以看出，人工智能上市企业人均发明专利数的行业均值在 2016 年出现短暂增长后呈逐年下降趋势，而中位数则是基本呈逐年增长的趋势。这表明人工智能上市企业的人均发明专利数两极分化比较明显，有些企业的人均发明专利数比较多，而大部分企业的人均发明专利数都比较少。

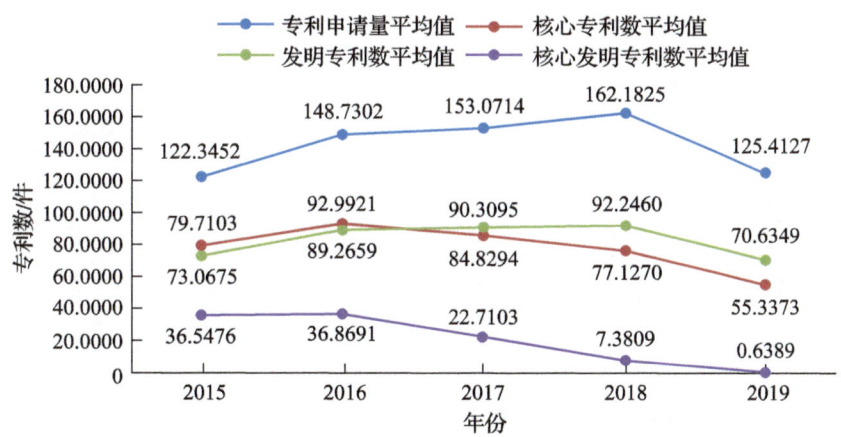

图 4-6　人工智能上市企业专利申请量、核心专利数、
发明专利数、核心发明专利数的平均值变化

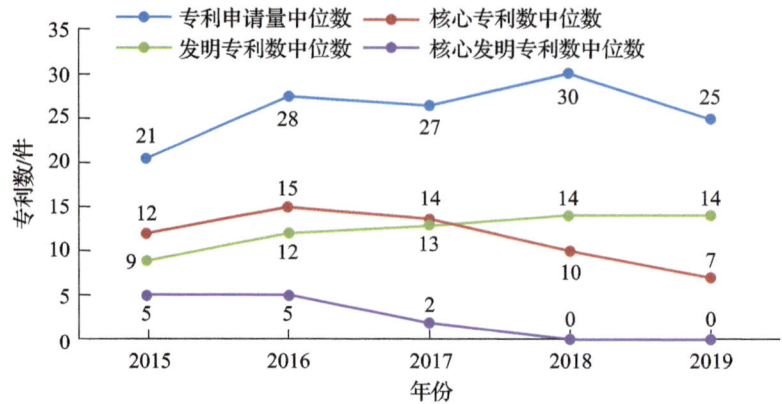

图 4-7 人工智能上市企业专利申请量、核心专利数、
发明专利数、核心发明专利数的中位数变化

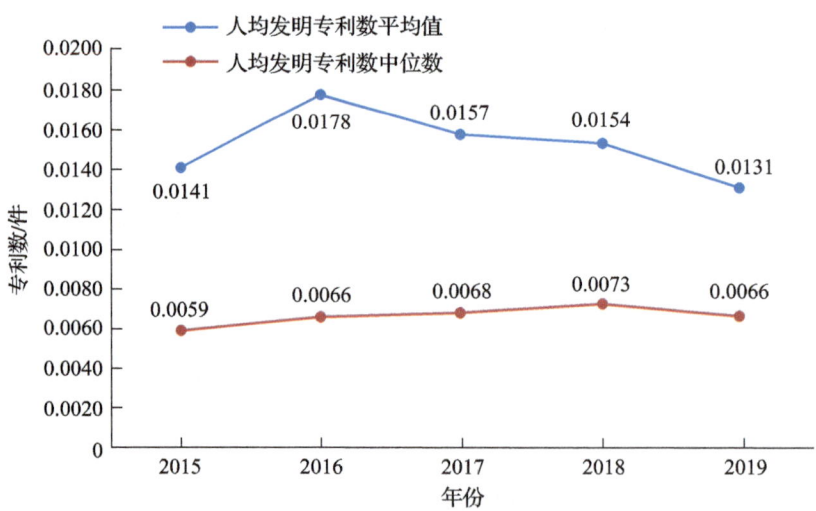

图 4-8 人工智能上市企业人均发明专利数的
平均值及中位数变化

4.4 企业的技术竞争度分析

借鉴中国科学技术信息研究所"科信智搜"平台的企业深度价值评估体系成果,在中国科学技术信息研究所中文专利数据库2600万量级大数据集合基础上,依据1.3.3节描述的大规模文本相似性计算方法,寻找人工智能上市企业专利的相似专利。再依据1.3.3节描述的企业技术竞争对手识别和技术竞争度的计算方法,获取与某人工智能上市企业具有相似专利的专利权人集合,即为本节要发现的人工智能上市企业技术竞争对手。在得到技术竞争对手间的技术相似度后,就可以得到人工智能上市企业的技术竞争度得分。

表4-9列出了人工智能领域技术竞争度排名Top 10的企业。从表中可以看出,中兴通讯股份有限公司、京东方科技集团股份有限公司、美的集团股份有限公司、海尔智家股份有限公司等上市企业的技术竞争度远远高于其他企业。

表4-9 人工智能领域技术竞争度排名 Top 10 的上市企业

股票代码	股票简称	公司全称	技术竞争度得分
000063.SZ	中兴通讯	中兴通讯股份有限公司	112 140.68
000725.SZ	京东方A	京东方科技集团股份有限公司	18 746.94
000333.SZ	美的集团	美的集团股份有限公司	16 031.21
600690.SH	海尔智家	海尔智家股份有限公司	14 778.04

续表

股票代码	股票简称	公司全称	技术竞争度得分
000016.SZ	深康佳A	康佳集团股份有限公司	8547.08
600060.SH	海信电器	青岛海信电器股份有限公司	8335.07
000050.SZ	深天马A	天马微电子股份有限公司	7947.87
600839.SH	四川长虹	四川长虹电器股份有限公司	7851.13
000977.SZ	浪潮信息	浪潮电子信息产业股份有限公司	7796.02
000400.SZ	许继电气	许继电气股份有限公司	5394.24

4.5 企业的行业竞争度分析

借鉴中国科学技术信息研究所"科信智搜"平台的企业深度价值评估体系成果，依据1.3.3节描述的企业行业竞争度计算方法，基于企业所属的证监会行业分类，在得到企业竞争度得分后，计算其行业竞争度得分。

表4-10列出了人工智能领域行业竞争度得分排名Top 10的企业，中兴通讯股份有限公司、国电南瑞科技股份有限公司、京东方科技集团股份有限公司、康佳集团股份有限公司和美的集团股份有限公司等上市企业具有较高的行业竞争度得分。

表 4-10　人工智能领域行业竞争度排名 Top 10 的上市企业

股票代码	股票简称	公司全称	行业竞争度得分
000063.SZ	中兴通讯	中兴通讯股份有限公司	99.7245
600406.SH	国电南瑞	国电南瑞科技股份有限公司	99.5238
000725.SZ	京东方A	京东方科技集团股份有限公司	99.4490
000016.SZ	深康佳A	康佳集团股份有限公司	99.1736
000333.SZ	美的集团	美的集团股份有限公司	99.1416
300608.SZ	思特奇	北京思特奇信息技术股份有限公司	99.0476
600060.SH	海信电器	青岛海信电器股份有限公司	98.8981
600690.SH	海尔智家	海尔智家股份有限公司	98.7125
000425.SZ	徐工机械	徐工集团工程机械股份有限公司	98.6239
000050.SZ	深天马A	天马微电子股份有限公司	98.6226

第 5 章　人工智能上市企业无形资产分析

在对人工智能上市企业无形资产的分析中，将从人工智能上市企业无形资产排名、无形资产区域分布和无形资产变化情况这 3 个视角分别进行阐述。数据来源是 ISTIC 年报数据库中的中国上市企业无形资产数据库（见 1.5 节）。无形资产总量排名和细分类型排名两个角度的分析主要以 2019 年人工智能上市企业无形资产数据为基础；无形资产区域分布主要以人工智能上市企业注册地数据为基础，从省份和城市两个角度进行统计分析；无形资产变化情况主要以 2017—2019 年人工智能上市企业无形资产和有形资产数据为基础，从无形资产总量变化、各类无形资产存量变化和"无形资产/有形资产" 变化 3 个角度进行统计分析。

5.1　人工智能上市企业无形资产排名

5.1.1　人工智能上市企业无形资产总量排名

依据 1.3.2 节描述的企业无形资产计算方法，人工智能上市企业 2019 年无形资产总量排名 Top 20 结果如图 5-1 所示，具体数值见表 5-1。从无形资产总量 Top 20 企业所属的证监会门类行业来看，"制造业"占据了主要地位，其占比高达 85%，其次是

"信息传输、软件和信息技术服务业"。其中,"中国联通"无形资产总量以高达约 3082.80 亿元的总额稳居第一,远超其后的"美的集团"(1625.69 亿元)和"海尔智家"(1272.35 亿元)。同时,从图 5-2 可以看出,无形资产总量最多的 Top 20 企业的无形资产占据了所有企业的 60.43%。"海康威视"高无形资产的背后是每年持续的高研发投入,其强度一直维持在 7%~8%。在知识产权方面,截至 2017 年年底,该公司累计拥有专利 1959 件,其中包括发明专利 397 件、实用新型专利 471 件、外观专利 1091 件,拥有软件著作权 769 份。

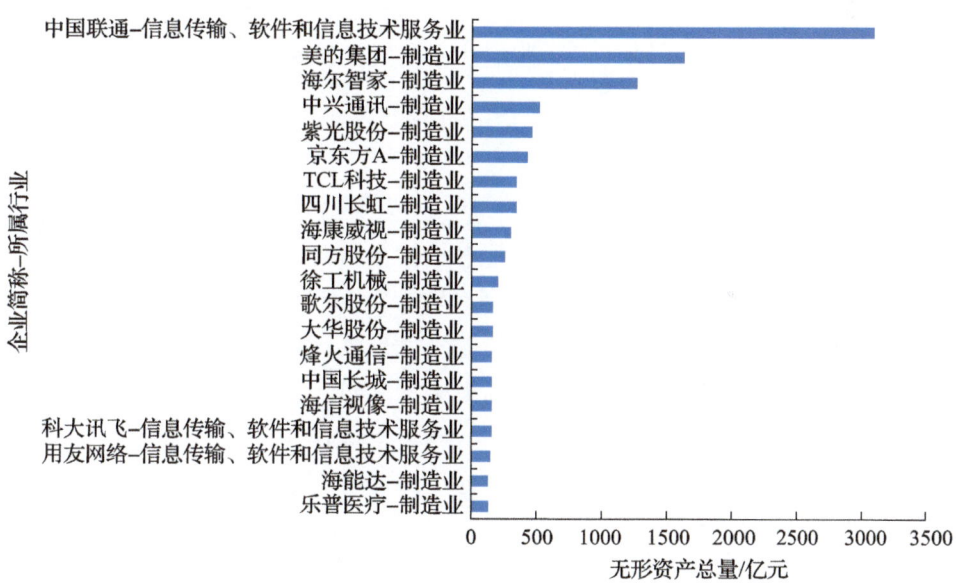

图 5-1 2019 年无形资产总量 Top 20 人工智能上市企业

表 5-1 2019 年无形资产总量 Top 20 人工智能上市企业

证券代码	证券简称	省份	所属证监会行业	无形资产总量/万元
600050.SH	中国联通	北京市	信息传输、软件和信息技术服务业－电信、广播电视和卫星传输服务	30 827 975.35
000333.SZ	美的集团	广东省	制造业－电气机械和器材制造业	16 256 874.73
600690.SH	海尔智家	山东省	制造业－电气机械和器材制造业	12 723 452.41
000063.SZ	中兴通讯	广东省	制造业－计算机、通信和其他电子设备制造业	5 218 239.85
000938.SZ	紫光股份	北京市	制造业－计算机、通信和其他电子设备制造业	4 633 394.50
000725.SZ	京东方A	北京市	制造业－计算机、通信和其他电子设备制造业	4 281 010.90
000100.SZ	TCL科技	广东省	制造业－计算机、通信和其他电子设备制造业	3 428 602.67
600839.SH	四川长虹	四川省	制造业－计算机、通信和其他电子设备制造业	3 365 166.04

续表

证券代码	证券简称	省份	所属证监会行业	无形资产总量/万元
002415.SZ	海康威视	浙江省	制造业－计算机、通信和其他电子设备制造业	3 002 705.15
600100.SH	同方股份	北京市	制造业－计算机、通信和其他电子设备制造业	2 561 806.36
000425.SZ	徐工机械	江苏省	制造业－专用设备制造业	2 072 726.90
002241.SZ	歌尔股份	山东省	制造业－计算机、通信和其他电子设备制造业	1 684 686.49
002236.SZ	大华股份	浙江省	制造业－计算机、通信和其他电子设备制造业	1 637 445.69
600498.SH	烽火通信	湖北省	制造业－计算机、通信和其他电子设备制造业	1 599 567.32
000066.SZ	中国长城	广东省	制造业－计算机、通信和其他电子设备制造业	1 578 258.47
600060.SH	海信视像	山东省	制造业－计算机、通信和其他电子设备制造业	1 543 160.71
002230.SZ	科大讯飞	安徽省	信息传输、软件和信息技术服务业－软件和信息技术服务业	1 521 710.76

续表

证券代码	证券简称	省份	所属证监会行业	无形资产总量/万元
600588.SH	用友网络	北京市	信息传输、软件和信息技术服务业-软件和信息技术服务业	1 475 016.08
002583.SZ	海能达	广东省	制造业-计算机、通信和其他电子设备制造业	1 309 071.41
300003.SZ	乐普医疗	北京市	制造业-专用设备制造业	1 294 481.00

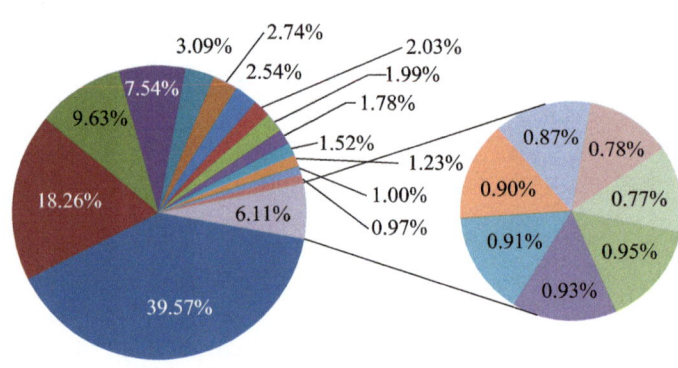

■ 中国联通-信息传输、软件和信息技术服务业　　■ 美的集团-制造业
■ 海尔智家-制造业　　■ 中兴通讯-制造业
■ 紫光股份-制造业　　■ 京东方A-制造业
■ TCL科技-制造业　　■ 四川长虹-制造业
■ 海康威视-制造业　　■ 同方股份-制造业
■ 徐工机械-制造业　　■ 歌尔股份-制造业
■ 大华股份-制造业　　■ 烽火通信-制造业
■ 中国长城-制造业　　■ 海信视像-制造业
■ 科大讯飞-信息传输、软件和信息技术服务业　　■ 用友网络-信息传输、软件和信息技术服务业
■ 海能达-制造业　　■ 乐普医疗-制造业
■ 其他

图 5-2　2019 年无形资产总量 Top 20 人工智能上市企业的无形资产占比

5.1.2 人工智能上市企业无形资产分类排名

依据 1.3.2 节描述的企业无形资产分类方法,对人工智能上市企业无形资产进行分类别排名。其中,第一类无形资产为信息化能力,第二类无形资产为创新资产,第三类无形资产为经济竞争力。

(1) 第一类无形资产存量排名

人工智能上市企业 2019 年第一类无形资产存量排名 Top 20 结果如图 5-3 所示,具体数值见表 5-2。从第一类无形资产存量 Top 20 企业所属的证监会门类行业来看,"制造业"和"信息传输、软件和信息技术服务业"几乎各占半壁江山,其占比分别为 55% 和 45%。值得注意的是,在第一类无形资产存量最多的 Top 3 企

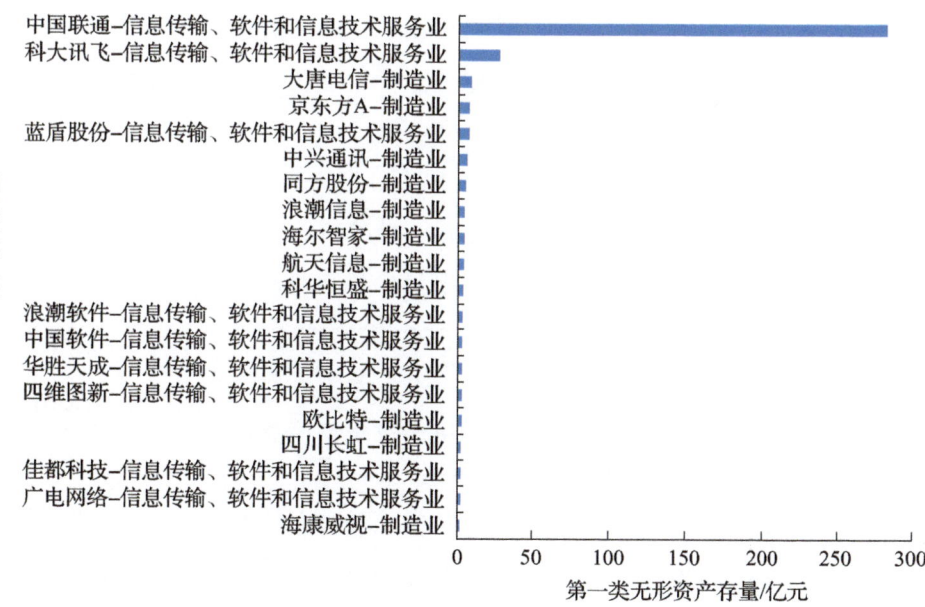

图 5-3 2019 年第一类无形资产存量 Top 20 人工智能上市企业

业中,"信息传输、软件和信息技术服务业"占据了前 2 家。其中,"中国联通"以高达约 281.95 亿元的第一类无形资产存量稳居第一,远超其后的"科大讯飞"(27.75 亿元)和"大唐电信"(9.24 亿元)。同时,从图 5-4 可以看出,无形资产总量最多的 Top 20 企业的无形资产占据了所有企业的 37.36%。

表 5-2 2019 年第一类无形资产存量 Top 20 人工智能上市企业

证券代码	证券简称	省份	所属证监会行业	第一类无形资产存量/万元
600050.SH	中国联通	北京市	信息传输、软件和信息技术服务业-电信、广播电视和卫星传输服务	2 819 503.00
002230.SZ	科大讯飞	安徽省	信息传输、软件和信息技术服务业-软件和信息技术服务业	277 451.60
600198.SH	大唐电信	北京市	制造业-计算机、通信和其他电子设备制造业	92 416.29
000725.SZ	京东方A	北京市	制造业-计算机、通信和其他电子设备制造业	79 407.61
300297.SZ	蓝盾股份	广东省	信息传输、软件和信息技术服务业-软件和信息技术服务业	76 156.02

续表

证券代码	证券简称	省份	所属证监会行业	第一类无形资产存量/万元
000063.SZ	中兴通讯	广东省	制造业-计算机、通信和其他电子设备制造业	59 477.59
600100.SH	同方股份	北京市	制造业-计算机、通信和其他电子设备制造业	54 067.85
000977.SZ	浪潮信息	山东省	制造业-计算机、通信和其他电子设备制造业	51 020.85
600690.SH	海尔智家	山东省	制造业-电气机械和器材制造业	46 123.88
600271.SH	航天信息	北京市	制造业-计算机、通信和其他电子设备制造业	42 506.01
002335.SZ	科华恒盛	福建省	制造业-电气机械和器材制造业	40 888.97
600756.SH	浪潮软件	山东省	信息传输、软件和信息技术服务业-软件和信息技术服务业	34 236.63
600536.SH	中国软件	北京市	信息传输、软件和信息技术服务业-软件和信息技术服务业	31 454.30

续表

证券代码	证券简称	省份	所属证监会行业	第一类无形资产存量/万元
600410.SH	华胜天成	北京市	信息传输、软件和信息技术服务业－软件和信息技术服务业	30 849.40
002405.SZ	四维图新	北京市	信息传输、软件和信息技术服务业－软件和信息技术服务业	30 575.43
300053.SZ	欧比特	广东省	制造业－计算机、通信和其他电子设备制造业	29 374.83
600839.SH	四川长虹	四川省	制造业－计算机、通信和其他电子设备制造业	28 868.81
600728.SH	佳都科技	广东省	信息传输、软件和信息技术服务业－软件和信息技术服务业	28 449.49
600831.SH	广电网络	陕西省	信息传输、软件和信息技术服务业－电信、广播电视和卫星传输服务	23 684.22
002415.SZ	海康威视	浙江省	制造业－计算机、通信和其他电子设备制造业	22 218.59

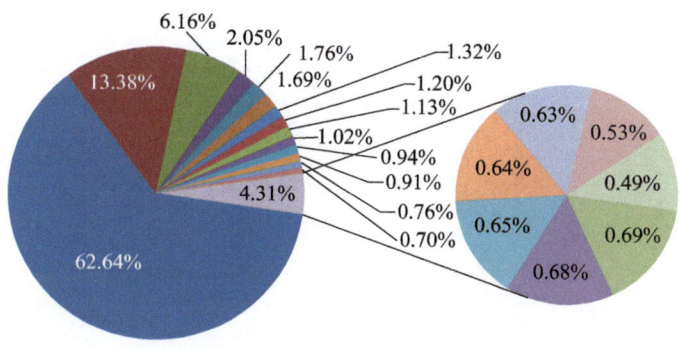

**图 5-4　2019 年第一类无形资产存量 Top 20
人工智能上市企业的无形资产占比**

（2）第二类无形资产存量排名

人工智能上市企业 2019 年第二类无形资产存量排名 Top 20 结果如图 5-5 所示，具体数值见表 5-3。从第二类无形资产存量 Top 20 企业所属的证监会门类行业来看，"制造业"占据了主要地位，其占比高达 90%，其次是"信息传输、软件和信息技术服务业"。其中，"中国联通"以高达约 759.58 亿元的第二类无形资产存量稳居第一，远超其后的"中兴通讯"（278.96 亿元）和"美的集团"（230.21 亿元）。同时，从图 5-6 可以看出，无形资产总量最多的 Top 20 企业的无形资产占据了所有企业的 56.38%。

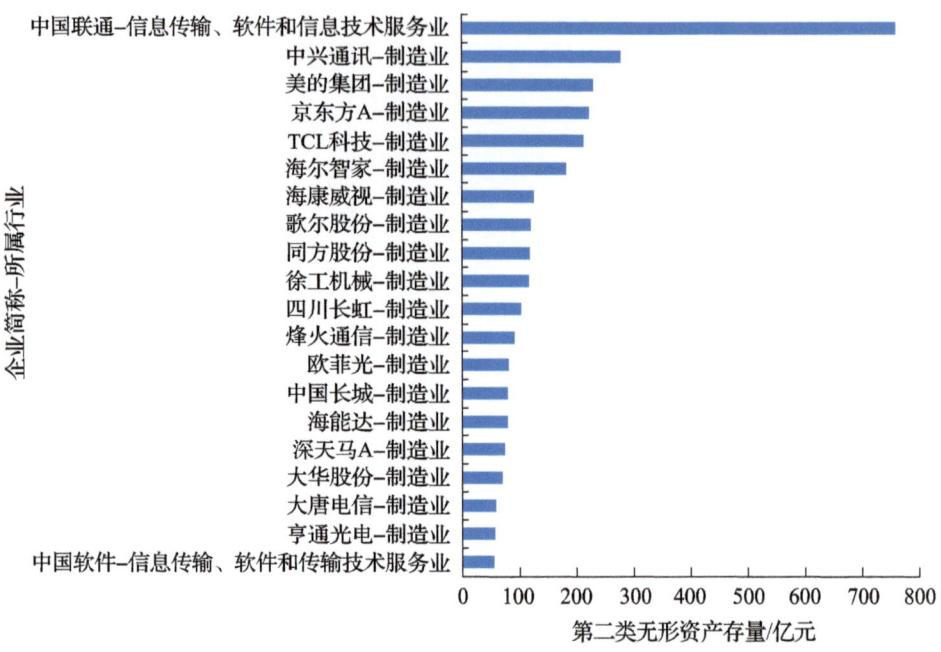

图 5-5 2019 年第二类无形资产存量 Top 20 人工智能上市企业

表 5-3 2019 年第二类无形资产存量 Top 20 人工智能上市企业

证券代码	证券简称	省份	所属证监会行业	第二类无形资产存量/万元
600050.SH	中国联通	北京市	信息传输、软件和信息技术服务业-电信、广播电视和卫星传输服务	7 595 841.27
000063.SZ	中兴通讯	广东省	制造业-计算机、通信和其他电子设备制造业	2 789 571.15
000333.SZ	美的集团	广东省	制造业-电气机械和器材制造业	2 302 058.73

续表

证券代码	证券简称	省份	所属证监会行业	第二类无形资产存量/万元
000725.SZ	京东方A	北京市	制造业－计算机、通信和其他电子设备制造业	2 240 872.90
000100.SZ	TCL科技	广东省	制造业－计算机、通信和其他电子设备制造业	2 130 013.74
600690.SH	海尔智家	山东省	制造业－电气机械和器材制造业	1 847 046.95
002415.SZ	海康威视	浙江省	制造业－计算机、通信和其他电子设备制造业	1 269 909.29
002241.SZ	歌尔股份	山东省	制造业－计算机、通信和其他电子设备制造业	1 202 626.70
600100.SH	同方股份	北京市	制造业－计算机、通信和其他电子设备制造业	1 180 815.80
000425.SZ	徐工机械	江苏省	制造业－专用设备制造业	1 166 149.63
600839.SH	四川长虹	四川省	制造业－计算机、通信和其他电子设备制造业	1 039 831.71
600498.SH	烽火通信	湖北省	制造业－计算机、通信和其他电子设备制造业	906 364.13

续表

证券代码	证券简称	省份	所属证监会行业	第二类无形资产存量/万元
002456.SZ	欧菲光	广东省	制造业－计算机、通信和其他电子设备制造业	816 748.49
000066.SZ	中国长城	广东省	制造业－计算机、通信和其他电子设备制造业	797 394.27
002583.SZ	海能达	广东省	制造业－计算机、通信和其他电子设备制造业	791 467.74
000050.SZ	深天马A	广东省	制造业－计算机、通信和其他电子设备制造业	735 346.69
002236.SZ	大华股份	浙江省	制造业－计算机、通信和其他电子设备制造业	703 278.19
600198.SH	大唐电信	北京市	制造业－计算机、通信和其他电子设备制造业	583 647.04
600487.SH	亨通光电	江苏省	制造业－电气机械和器材制造业	568 763.14
600536.SH	中国软件	北京市	信息传输、软件和信息技术服务业－软件和信息技术服务业	551 838.79

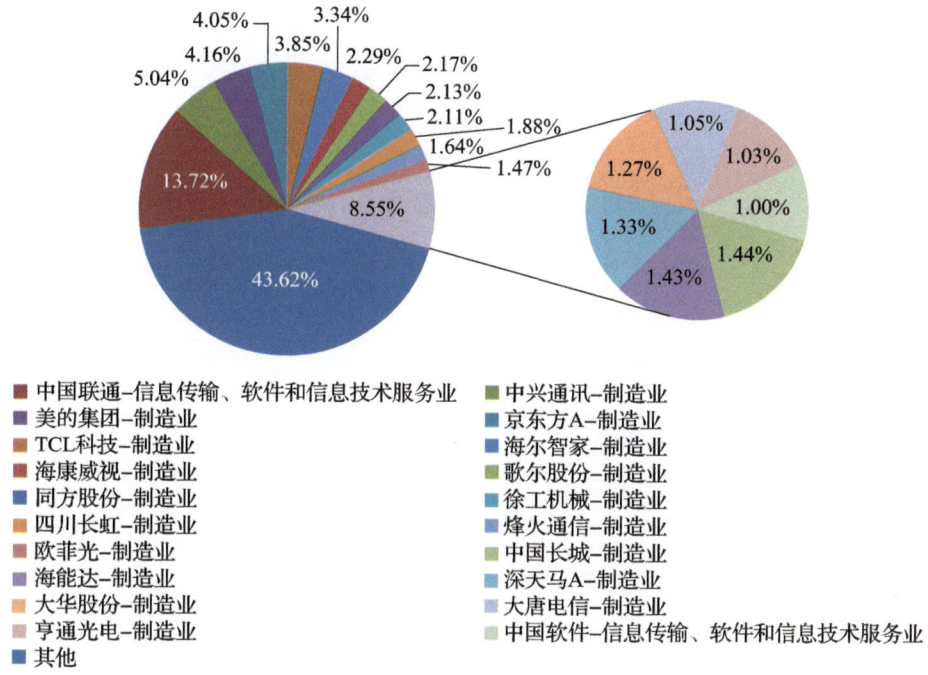

图 5-6　2019 年第二类无形资产存量 Top 20
人工智能上市企业的无形资产占比

（3）第三类无形资产存量排名

人工智能上市企业 2019 年第三类无形资产存量排名 Top 20 结果如图 5-7 所示，具体数值见表 5-4。从第二类无形资产存量 Top 20 企业所属的证监会门类行业来看，"制造业"占据了主要地位，其占比高达 75%，其次是"信息传输、软件和信息技术服务业"。其中，有 3 家企业的第三类无形资产存量超过 1000 亿元，"中国联通"仍旧以高达约 2041.26 亿元的第三类无形资产存量稳居第一，远超其后的"美的集团"（1395.48 亿元）和"海尔智家"（1083.03 亿元）。同时，从图 5-8 可以看出，无形资产总量最多的 Top 20 企业的无形资产占据了所有企业的 63.68%。

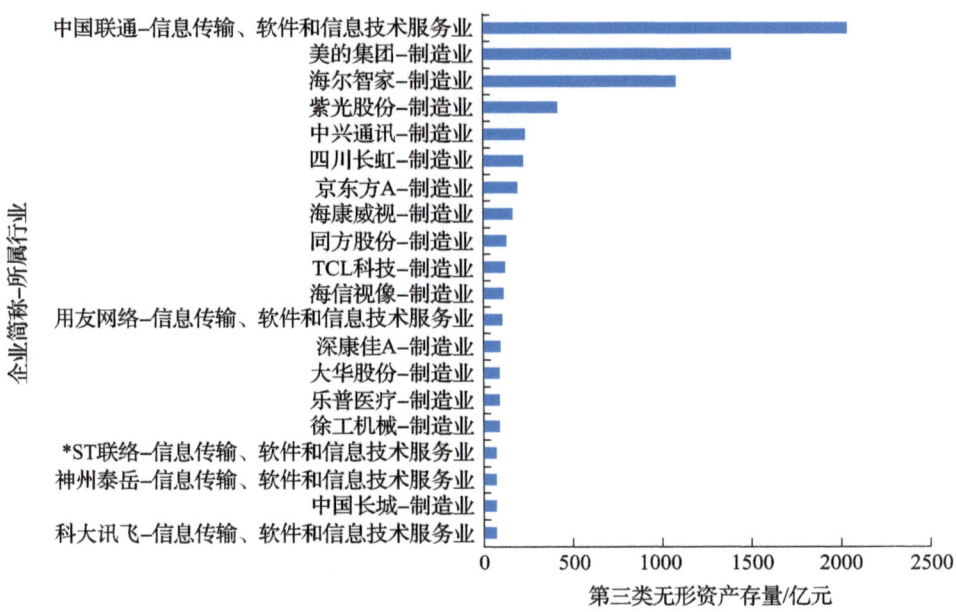

图 5-7　2019 年第三类无形资产存量 Top 20 人工智能上市企业

表 5-4　2019 年第三类无形资产存量 Top 20 人工智能上市企业

证券代码	证券简称	省份	所属证监会行业	第三类无形资产存量/万元
600050.SH	中国联通	北京市	信息传输、软件和信息技术服务业－电信、广播电视和卫星传输服务	20 412 631.39
000333.SZ	美的集团	广东省	制造业－电气机械和器材制造业	13 954 815.99

续表

证券代码	证券简称	省份	所属证监会行业	第三类无形资产存量/万元
600690.SH	海尔智家	山东省	制造业-电气机械和器材制造业	10 830 281.58
000938.SZ	紫光股份	北京市	制造业-计算机、通信和其他电子设备制造业	4 202 911.87
000063.SZ	中兴通讯	广东省	制造业-计算机、通信和其他电子设备制造业	2 369 191.12
600839.SH	四川长虹	四川省	制造业-计算机、通信和其他电子设备制造业	2 296 465.52
000725.SZ	京东方A	北京市	制造业-计算机、通信和其他电子设备制造业	1 960 730.39
002415.SZ	海康威视	浙江省	制造业-计算机、通信和其他电子设备制造业	1 710 577.28
600100.SH	同方股份	北京市	制造业-计算机、通信和其他电子设备制造业	1 326 922.72
000100.SZ	TCL科技	广东省	制造业-计算机、通信和其他电子设备制造业	1 298 588.94

续表

证券代码	证券简称	省份	所属证监会行业	第三类无形资产存量/万元
600060.SH	海信视像	山东省	制造业－计算机、通信和其他电子设备制造业	1 146 483.38
600588.SH	用友网络	北京市	信息传输、软件和信息技术服务业－软件和信息技术服务业	1 072 296.61
000016.SZ	深康佳A	广东省	制造业－计算机、通信和其他电子设备制造业	985 961.49
002236.SZ	大华股份	浙江省	制造业－计算机、通信和其他电子设备制造业	923 277.93
300003.SZ	乐普医疗	北京市	制造业－专用设备制造业	906 462.60
000425.SZ	徐工机械	江苏省	制造业－专用设备制造业	904 098.54
002280.SZ	*ST 联络	浙江省	信息传输、软件和信息技术服务业－软件和信息技术服务业	777 401.18
300002.SZ	神州泰岳	北京市	信息传输、软件和信息技术服务业－软件和信息技术服务业	772 496.83

第 5 章 人工智能上市企业无形资产分析

续表

证券代码	证券简称	省份	所属证监会行业	第三类无形资产存量/万元
000066.SZ	中国长城	广东省	制造业－计算机、通信和其他电子设备制造业	760 424.45
002230.SZ	科大讯飞	安徽省	信息传输、软件和信息技术服务业－软件和信息技术服务业	760 258.08

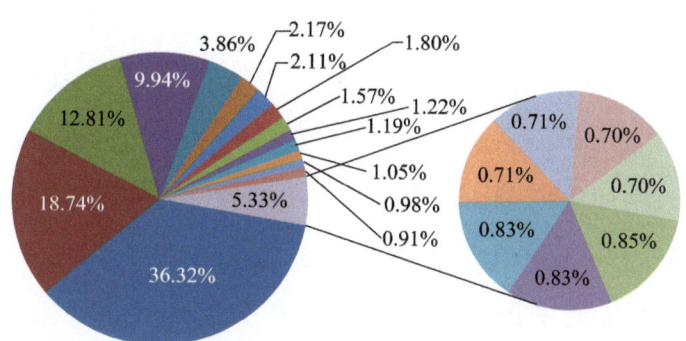

图 5-8 2019 年第三类无形资产存量 Top 20 人工智能上市企业的无形资产占比

5.2 无形资产区域分布

5.2.1 无形资产按省份分布

人工智能上市企业无形资产总量的省份分布如表 5-5 和图 5-9 所示。可以看到，国内人工智能上市企业无形资产共分布在全国 22 个省份，以内蒙古、新疆、宁夏、云南、青海、西藏、海南等为代表的偏远地区和以山西、河北等为代表的华北地区则由于没有人工智能上市企业而缺少无形资产积累。北京以 5823.27 亿元的无形资产总量位居所有省份之首，其占比高达 34.50%；广东则以 4600.77 亿元紧随其后，其占比为 27.25%；其次是无形资产总量均高于 1000 亿元的山东和江苏。该数据与中国新一代人工智能发展战略研究院 2019 年 5 月发布的《中国新一代人工智能科技产业发展报告（2019）》分布数据基本一致：该报告显示，截至 2019 年 2 月，中国共有 3341 家人工智能企业，从地域分布看，人工智能企业主要分布在北京、广东、上海、浙江和江苏等省份。

表 5-5　2019 年各省份人工智能上市企业无形资产总量

省份	无形资产总量/万元	省份	无形资产总量/万元
北京市	58 232 718.06	浙江省	8 532 507.20
广东省	46 007 703.48	上海市	4 344 827.45
山东省	20 747 297.23	四川省	3 492 117.07
江苏省	11 475 269.32	河南省	2 622 617.02

续表

省份	无形资产总量/万元	省份	无形资产总量/万元
安徽省	2 501 446.03	天津市	532 574.17
湖北省	2 492 319.96	黑龙江省	404 037.04
福建省	2 342 550.70	重庆市	291 278.98
辽宁省	2 102 572.13	贵州省	204 882.77
广西壮族自治区	888 808.30	吉林省	136 629.68
陕西省	701 072.94	甘肃省	106 408.62
江西省	556 922.80	湖南省	88 284.71

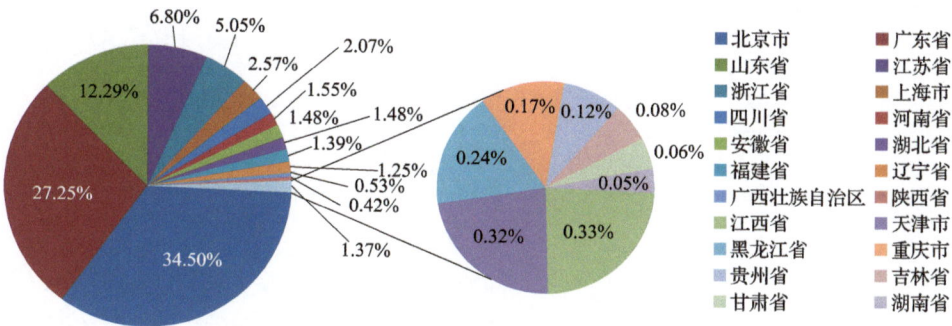

图 5-9　2019 年各省份人工智能上市企业无形资产占比

5.2.2　无形资产按城市分布

人工智能上市企业无形资产总量最多的 Top 20 城市如表 5-6 和图 5-10 所示。北京市以 5823.27 亿元的无形资产总量位居所有城市之首，其占比高达 34.50%；深圳市则以 1983.63 亿元紧随其后，其占比为 11.75%；再次是无形资产总量均高于 1500 亿元的佛山市和青岛市。

表5-6　2019年人工智能上市企业无形资产总量Top 20城市

城市	无形资产总量/万元	城市	无形资产总量/万元
北京市	58 232 718.06	广州市	2 805 140.06
深圳市	19 836 258.41	武汉市	2 468 821.60
佛山市	16 732 209.36	徐州市	2 261 758.76
青岛市	15 068 585.71	合肥市	1 974 482.15
杭州市	7 496 267.21	济南市	1 798 649.05
上海市	4 344 827.45	潍坊市	1 684 686.49
惠州市	3 428 602.67	珠海市	1 395 463.47
南京市	3 397 960.40	厦门市	1 354 027.47
绵阳市	3 365 166.04	沈阳市	1 180 846.68
苏州市	3 097 899.82	洛阳市	1 132 319.62

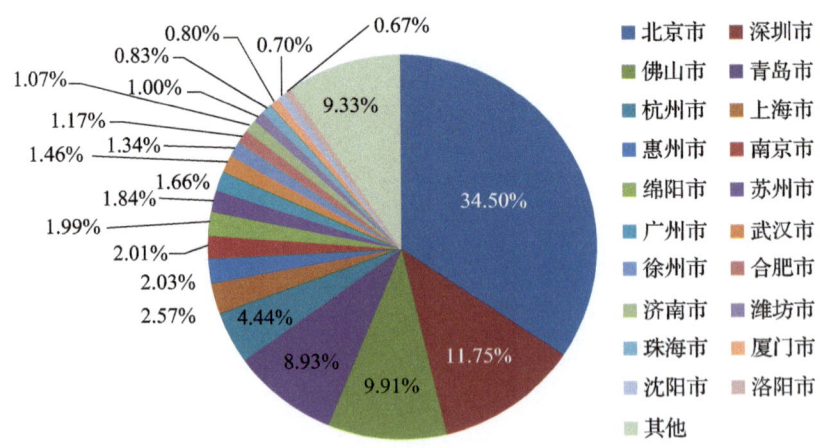

图5-10　2019年人工智能上市企业无形资产总量Top 20城市的无形资产占比

5.3 无形资产变化情况

2017—2019 年人工智能上市企业无形资产总量呈显著增长趋势，由 2017 年的约 11 436.30 亿元增加到 2019 年的约 16 880.48 亿元，涨幅达到了 47.60%（图 5-11）。从无形资产细分类型上看（图 5-12），三类无形资产均呈现增长的态势，尤以第二类无形资产（创新资产）增幅最大，高达 70.13%；第三类无形资产（经济竞争力）、第一类无形资产（信息化能力）增幅也分别达到了 38.92% 和 32.16%，具体数值见表 5-7。无论从无形资产总量还是三类无形资产细分类型来看，人工智能上市企业在 2017—2019 年都实现了无形资产的累积，企业创新能力得以进一步提升。上市企业无形资产的增长势头与这几年我国人工智能的政策落地有着密切的关系。近几年可以说是人工智能政策集中落地的时间：自 2016 年以来，我国先后出台了《"互联网+"人工智能三年行动实施方案》《新一代人工智能发展规划》《促进新一代人工智能

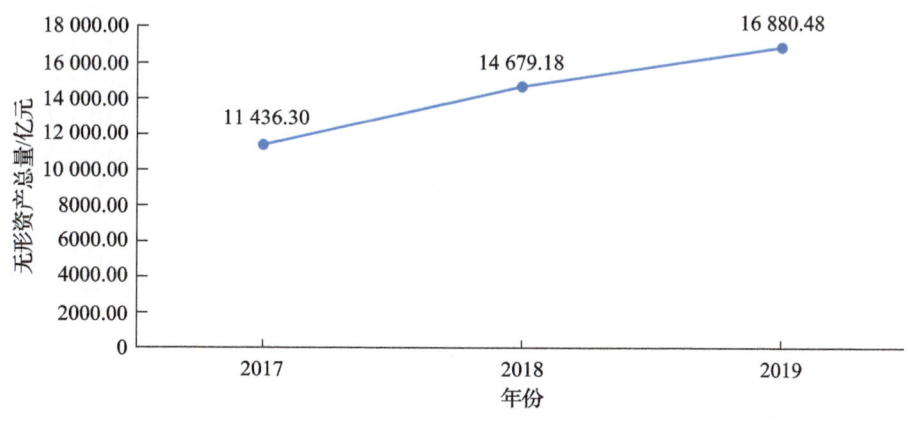

图 5-11　2017—2019 年人工智能上市企业无形资产总量变化情况

产业发展三年行动计划（2018—2020 年）》等。2017 年，"人工智能"更是首次被写入政府工作报告。正是由于政策的推动，我国人工智能领域才进入了高速发展期。

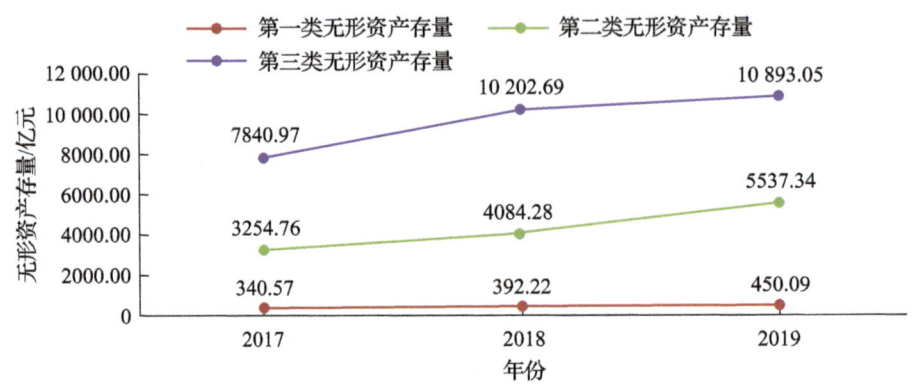

图 5-12　2017—2019 年人工智能上市企业各类无形资产存量变化情况

表 5-7　2017—2019 年人工智能上市企业无形资产总量及各类无形资产存量

单位：亿元

无形资产类别	2017 年	2018 年	2019 年
无形资产总量	11 436.30	14 679.18	16 880.48
第一类无形资产存量	340.57	392.22	450.09
第二类无形资产存量	3254.76	4084.28	5537.34
第三类无形资产存量	7840.97	10 202.69	10 893.05

本报告以 2017—2019 年无形资产与有形资产比值的变化来反映制造业的产业结构变化。"无形资产/有形资产"指标在一定程度上可以测度产业结构变化，其增量可以在一定程度上反映产业

升级的情况。如图 5-13 所示，2017—2019 年人工智能上市企业的"无形资产/有形资产"值一直呈增长趋势，说明人工智能行业近年来产业升级十分显著。

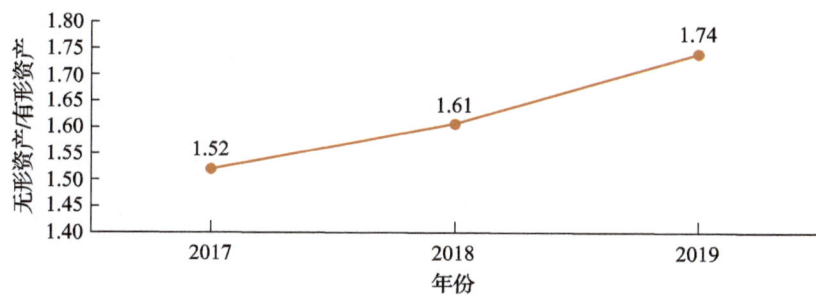

图 5-13　2017—2019 年人工智能上市企业
"无形资产/有形资产"总量变化情况

第 6 章 结 论

在我国人工智能产业近年来飞速变化和产业发展仍然存在诸多不足的背景下，本报告以人工智能企业为样本，对企业科技与金融数据进行融合分析，以期为资本市场参与者、科技管理部门、企业提供数据和信息支撑，并进一步促进我国人工智能产业的发展。报告选择 A 股人工智能相关企业为切入点，以企业的经营、科技等微观信息反映行业的中宏观信息，形成了《中国人工智能上市企业分析报告》。本报告从完全客观的角度（无人为参与）遴选出了符合人工智能企业特征的 242 家 A 股上市企业，全方位展示其行业和区域分布，以及我国人工智能企业的创新、人才、市场竞争、创新能力和无形资产的布局状况，得出主要结论如下。

（1）人工智能产业空间和行业分布不均，多领域交叉局面尚未形成

从空间分布看，人工智能产业分布总体呈现出"南强北弱"的特点。长三角、珠三角的人工智能产业较为活跃，中西部地区在资产、人才等方面均较为落后，区域分布呈现不均衡现象。然而，随着国家政策的倾斜，以重庆、成都和西安为代表的西部地区，人工智能产业正在崛起。从行业分布看，人工智能上市企业主要集中在计算机、通信和其他电子设备制造业，以及软件和信息技术服务行业等，可见我国人工智能目前还依附于计算机等电

第6章 结 论

子设备的制造和信息技术服务等行业的发展，跨行业拓展的成熟度不高，人工智能同各产业深度融合的局面尚未全面展开。

（2）受我国经济下行压力影响，人工智能产业企业市场环境堪忧

随着人工智能在各产业的渗透，行业市场规模自2015年起持续扩大，人工智能上市企业主营业务收入也在逐年增加，但受经济下行压力等各因素的影响，企业在盈利能力、偿债能力、发展能力、运营能力等多项指标上表现均不理想，可见我国人工智能产业市场环境如今正面临着巨大的挑战。人工智能落地场景在不断增多，但是赚钱效应并不强。亿欧智库研究报告曾经也显示，2018年全年，近90%的人工智能公司处于亏损状态，而10%赚钱的企业基本是技术提供商。面对这一局面，我国促进人工智能产业发展的政策扶持力度还需要进一步加大，但同时要保持政策的差异性，重点扶持具有核心技术的人工智能企业，为企业提供良好的创新、经营和竞争环境。对于在资金和技术上都无法与头部企业匹敌的中小企业，如果想在人工智能的市场竞争中占得一席之地，必须依托优势资源建立差异化行业竞争壁垒，避免参与到低水平同质化恶性竞争中。

（3）人工智能企业高度重视创新投入，但大部分企业创新成果不多

2015—2019年，我国人工智能上市企业高度重视创新资金、人才投入，呈逐年增加态势，尤其以中兴通讯、海康威视、京东方为首的行业龙头企业起到了带头作用。虽然创新投入逐年增加，但企业的学术研究和技术研究成果并没有随之增多，尤其是论文产出多年来并没有变化，企业参与基础研究的积极性不高。基础

研究是目前我国人工智能发展中最薄弱的环节，人工智能领域能否达到世界前沿水平，很大一部分取决于基础研究。同时，体现技术产出效率的人均发明专利数还有一定的下降趋势，并有两极分化现象，大部分企业技术产出效率较低，产业创新效率还有待进一步提升。倪光南院士在2019世界人工智能大会上接受采访时曾表示："过去这些年，我们在信息技术领域最大的一个经验教训，就是关键核心技术必须靠自己自主创新来解决，不能靠买、靠换。"人工智能企业必须要加强基础理论研究，主攻关键核心技术，以问题为导向，全面增强企业人工智能科技创新能力，确保关键核心技术牢牢掌握在自己手里。

（4）人工智能无形资产积累逐年增加，但资产分布严重不均衡

我国人工智能企业虽然面临经营压力，但无形资产积累势头仍然强劲，无形资产的比重呈高速增长。无形资产的积累是企业、行业和区域创新驱动发展的基础，对于更加依赖于技术、人力、知识这些"轻资产"的人工智能产业，无形资产是人工智能企业发展的强劲动力，为人工智能产业发展打下资源基础。然而，在企业个体分布上，大多数无形资产仍然过度集中于头部企业，在区域分布上，北京、广东、山东和长三角地区占据了绝大部分；而中西部地区无形资产的相对落后，对于人工智能赋能当地传统产业升级，加快新旧动能转换步伐带来不利的影响。

附录 基于人工智能领域国际顶级会议论文遴选关键词

英文关键词	中文翻译
2d/3d registration	2D/3D 注册
3d	3D
3d model	3D 模型
3d printing	3D 打印
3d reconstruction	3D 重建
3d scanning	3D 扫描
3d ultrasound	3D 超声
a/b testing	A/B 测试
accelerometer	加速度计
accent recognition	口音识别
accessibility	可访问性
acelp	ACELP 语音编码
acoustic analysis	声学分析
acoustic beamforming	声束成形
acoustic correlates	声学关联
acoustic cues	声学线索

续表

英文关键词	中文翻译
acoustic echo cancellation（AEC）	回声消除（AEC）
acoustic event detection（AED）	声音事件检测（AED）
acoustic event recognition	声音事件识别
acoustic features	声学特征
acoustic feedback cancellation（AFC）	回声消除（AFC）
acoustic imaging	声成像
acoustic model adaptation	声学模型自适应
acoustic modeling（AM）	声学建模（AM）
acoustic noise	声学噪声
acoustic phonetics	声学语音学
acoustic scene analysis	声学场景分析
acoustic scene classification	声音场景分类
acoustic signal processing	声音信号处理
acoustic similarity	声学相似性
acoustic source localization	声源定位
acoustic unit discovery	声学单元发现
acoustic vector sensor	声矢量传感器
acoustic-to-articulatory inversion	声音到发音的反转
acoustic-to-articulatory mapping	声音到发音的映射
action recognition	动作识别
active audition	主动听觉
active contours	主动轮廓
active learning	主动学习

续表

英文关键词	中文翻译
active noise control（ANC）	主动噪声控制（ANC）
active perception	主动知觉
active sensing	主动传感
active vision	主动视觉
activity recognition	行为识别
activity tracking	活动跟踪
actuators	执行器
ad hoc networks	自组织网络
ad hoc teamwork	临时团队合作
adaptive algorithm	自适应算法
adaptive beamforming	自适应波束成形
Adaptive Boosting（ADABOOST）	自适应增强算法（ADABOOST）
adaptive control	自适应控制
adaptive equalizers	自适应均衡器
adaptive filtering	自适应滤波
adaptive network-based fuzzy inference system（ANFIS）	基于自适应神经网络的模糊推理系统（ANFIS）
adaptive networks	自适应网络
adaptive parameter control	自适应参数控制
adaptive sampling	自适应采样
adaptive signal processing	自适应信号处理
adaptive systems	自适应系统

续表

英文关键词	中文翻译
adaptive training	适应性训练
additive noise	加性噪声
adversarial learning	对抗学习
adversarial training	对抗训练
aerial robotics	空中机器人
affective computing	情感计算
affective lexicon	情感词典
affine projection algorithm	仿射投影算法
affinity propagation	AP 聚类算法
age estimation	年龄估算
agent-based modeling and simulation（ABMS）	基于主体的建模与仿真（ABMS）
agent-based modeling（ABM）	基于主体建模（ABM）
agent-based simulation（ABS）	基于主体的仿真（ABS）
airborne laser scanning	机载激光扫描
algorithms	算法
alternating direction method of multipliers（ADMM）	交替方向乘子法（ADMM）
alternating least squares（ALS）	交替最小二乘法（ALS）
alternating minimization	交替最小化
alternating optimization	交替优化
ambient assisted living（AAL）	居家协助（AAL）

续表

英文关键词	中文翻译
ambient intelligence	环境智能
ambiguity function	模糊函数
amplitude modulation	调幅
analog-to-digital conversion	模数转换
analog-to-digital converter（ADC）	模数转换器（ADC）
android	安卓
annihilating filter	零化滤波器
anomaly detection	异常检测
ant colony optimization	蚁群优化
antenna arrays	天线阵列
antenna selection	天线选择
anthropomorphism	拟人化
anti-forensics	反取证
anti-spoofing	反欺骗
approximate counting	近似计数
approximate message passing（AMP）	近似消息传递（AMP）
approximation algorithms	近似算法
ArcGIS	ArcGIS
arithmetic coding	算术编码
array processing	阵列处理
array signal processing	阵列信号处理
articulatory features	发音特征
articulatory inversion	发音动作反转

续表

英文关键词	中文翻译
articulatory model	发音模型
articulatory phonology	发音语音学
articulatory synthesis	发音合成
articulography	关节造影
artificial bandwidth extension	人工带宽扩展
artificial immune systems	人工免疫系统
artificial intelligence	人工智能
artificial life	人工生命
artificial neural network（ANN）	人工神经网络（ANN）
artificial noise	人工噪声
ASG-EUPOS	ASG-EUPOS
assistive robotics	辅助机器人
association rule	关联规则
asymptotic analysis	渐近分析
asynchronous	异步
atomic norm	原子范数
attention mechanism	注意力机制
attention model	注意力模型
audio classification	音频分类
audio coding	音频编码
audio denoising	音频降噪
audio event detection	音频事件检测
audio fingerprinting	音频指纹

续表

英文关键词	中文翻译
audio indexing	音频索引
audio processing	音频处理
audio search	音频搜索
audio segmentation	音频分割
audio signal processing	音频信号处理
audio source separation	音频源分离
audio tagging	音频标记
audio-visual fusion	视听融合
audio-visual speech	视听语音
audio-visual speech recognition	视听语音识别
auditory attention	听觉注意力
auditory model	听觉模型
auditory scene analysis	听觉场景分析
augmented lagrangian	增广拉格朗日
augmented reality（AR）	增强现实（AR）
Aurora-4	Aurora-4
autocorrelation	自相关性
autoencoder	自动编码器
automated negotiation	自动谈判
automated reasoning	自动推理
automatic alignment	自动对齐
automatic assessment	自动评估
automatic classification	自动分类

续表

英文关键词	中文翻译
automatic music transcription	自动音乐转录
automatic phonetic segmentation	自动语音分割
automatic playlist continuation	自动播放列表延续
automatic segmentation	自动分割
automatic speaker recognition	自动说话人识别
automatic speaker verification	自动说话人验证
automatic speech recognition（ASR）	自动语音识别（ASR）
automatic transcription	自动转录
automation	自动化
autonomous agents	自主代理
autonomous driving	自动驾驶
autonomous mobile robot	自主移动机器人
autonomous navigation	自主导航
autonomous robot	自主机器人
autonomous systems	自治系统
autonomous underwater vehicle（AUV）	自主水下航行器（AUV）
autonomous vehicles	自动驾驶汽车
Autonomy	Autonomy
autoregressive model	自回归模型
Avatar	Avatar
average consensus	平均一致性
Babel	Babel
backchannel	反向通道

英文关键词	中文翻译
background subtraction	背景消除
bag-of-audio-words（BoAW）	声音词袋模型（BoAW）
bag-of-features（BoF）	特征袋（BoF）
bag-of-words（BoW）	词袋模型（BoW）
band-limited signals	带限信号
bandwidth	带宽
bandwidth extension	带宽扩展
base sub-system（BSS）	基站子系统（BSS）
basis pursuit（BP）	基追踪（BP）
bathymetry	测深法
bayes risk	贝叶斯风险
bayesian estimation	贝叶斯估计
bayesian filtering	贝叶斯滤波
bayesian inference	贝叶斯推理
bayesian information criterion	贝叶斯信息准则
bayesian learning	贝叶斯学习
bayesian methods	贝叶斯方法
bayesian networks	贝叶斯网络
bayesian nonparametrics	贝叶斯非参数
bayesian optimization	贝叶斯优化
beamforming	波束成形
behavior modeling	行为模拟
behavioral signal processing（BSP）	行为信号处理（BSP）

续表

英文关键词	中文翻译
belief propagation（BP）	置信度传播算法（BP算法）
benchmarking	基准测试
best available techniques	最佳可行技术
bidirectional LSTM（BLSTM）	双向LSTM（BLSTM）
big data	大数据
bilateral filter	双边滤波器
binary classification	二元分类
binary mask	二进制掩码
binaural cues	双耳线索
binaural hearing	双耳听力
binaural hearing aids	双耳助听器
bioacoustics	生物声学
bi-objective optimization	双目标优化
biofeedback	生物反馈
bioindication	生物指示
bioinformatics	生物信息学
biologically inspired robots	受生物启发的机器人
biomechanics	生物力学
biomedical signal processing	生物医学信号处理
biometrics	生物计量学
biomimetic	仿生
biorobotics	生物机器人
biped locomotion	两足运动

续表

英文关键词	中文翻译
biped robot	两足步行机器人
biped walking	两足步行
bipolar disorder	双相情感障碍
black-box complexity	黑箱复杂性
black-box optimization	黑盒优化
blended learning	混合学习
blind deconvolution	盲反卷积
blind equalization	盲均衡
blind estimation	盲估计
blind source separation（BSS）	盲源分离（BSS）
block sparsity	分块稀疏
bluetooth	蓝牙
bone segmentation	骨分割
boolean functions	布尔函数
bootstrap	BOOTSTRAP
bottleneck features	瓶颈特征
boundary detection	边界检测
brain decoding	大脑解码
brain imaging	脑成像
brain mapping	脑图谱
brain tumor segmentation	脑肿瘤分割
brain-computer interface（BCI）	脑机接口（BCI）
brownfield	棕地/棕色地带

续表

英文关键词	中文翻译
business intelligence	商业智能
Cache	高速缓冲存储器（Cache 存储器）
CAD	电脑辅助设计（CAD）
calibration	校准
call routing	呼叫路由
camera calibration	相机校准
canonical correlation analysis	典型相关分析
canonical polyadic decomposition	CP 分解
carrier frequency offset	载波频率偏移
cartesian genetic programming	笛卡尔遗传规划
case study	案例分析
case-based reasoning	案例推理
categorical perception	类别知觉
cauchy distribution	柯西分布
causal inference	因果推论
CD-DNN-HMM	上下文相关的深度神经网络－隐马尔科夫模型（CD-DNN-HMM）
CDMA	码分多址（CDMA）
cellular automata	细胞自动机
CELP	码激励线性预测（CELP）

续表

英文关键词	中文翻译
center for applications of psychological type (CAPT)	心理类型应用中心（CAPT）
central pattern generator（CPG）	中枢模式发生器（CPG）
cepstral analysis	倒谱分析
cepstrum	倒谱
change detection	变更检测
change point detection	变更点检测
channel capacity	信道容量
channel coding	频道编码
channel compensation	渠道补偿
channel estimation	信道估计
chatbot	聊天机器人
children's speech	儿童语音
children's speech recognition	儿童语音识别
child-robot interaction	儿童－机器人互动
CHiME-4	第四届国际多通道语音分离和识别大赛（CHiME-4）
circuit complexity	电路复杂度
classifier	分类器
climbing robot	爬壁机器人
clock synchronization	时钟同步
cloud computing	云计算

续表

英文关键词	中文翻译
cluster adaptive training	集群适应训练
cluster analysis	聚类分析
clustering	聚类
CMLLR	约束最大似然线性回归（CMLLR）
coalition formation	联盟形成
coarticulation	协同发音
cochlear implant	人工耳蜗
cocktail party problem	鸡尾酒会问题
codebook	码本
coded aperture	编码孔径
code-mixing	语码混合
code-switching	语码转换
coding	编码
coevolution	协同进化
cognitive architecture	认知结构
cognitive load	认知负荷
cognitive radar	认知雷达
cognitive radio	认知无线电
cognitive robotics	认知机器人
cold start	冷启动
collaborative filtering	协同过滤

英文关键词	中文翻译
collaborative learning	协作学习
collective intelligence	集体智慧
collision avoidance	碰撞避免
collision detection	碰撞检测
combinatorial optimization	组合优化
command-response model	命令-响应模型
common spatial patterns (CSP)	共空间模式 (CSP)
communication complexity	通信复杂度
communities of practice	实践社区
community detection	社区发现
complex networks	复杂网络
complex systems	复杂系统
complexity theory	复杂性理论
compliant motion	顺应运动
compressed sensing	压缩传感
compressive sampling	压缩采样
computational auditory scene analysis	计算听觉场景分析
computational complexity	计算复杂度
computational fluid dynamics (CFD)	计算流体动力学 (CFD)
computational imaging	计算成像
computational intelligence	计算智能
computational learning theory	计算学习理论
computational modeling	计算建模

续表

英文关键词	中文翻译
computational paralinguistics	计算语言学
computational photography	计算摄影学
computational simulation	计算仿真
computational social choice	计算社会选择
compute unified device architecture (CUDA)	统一计算设备架构(CUDA)
computed tomography (CT)	电子计算机断层扫描(CT)
computer aided diagnosis	计算机辅助诊断
computer assisted pronunciation training (CAPT)	计算机辅助发音训练(CAPT)
computer simulation	计算机模拟
computer vision	计算机视觉
computer-aided diagnosis	计算机辅助诊断
computer-aided sperm analysis (CASA)	计算机辅助精子分析(CASA)
computer-assisted language learning	计算机辅助语言学习
concept drift	概念漂移
conceptual model	概念模型
conditional random field (CRF)	条件随机场(CRF)
confidence	置信度
confidence measures	置信度估计
confidence score	置信度得分
confusion matrix	混淆矩阵

英文关键词	中文翻译
confusion networks	混淆网络
conjugate gradient	共轭梯度法
connectionist temporal classification（CTC）	连接时序分类（CTC）
connectivity	连通性
consensus clustering	一致性聚类
consistency	一致性
constant q transform	常数 Q 变换
constrained optimization	约束优化
constraint handling	约束处理
constraint programming	约束规划
constraint satisfaction（CSPs）	约束满足（CSPs）
content identification	内容识别
content-based image retrieval（CBIR）	基于内容的图像检索（CBIR）
context clustering	情境聚类
context modeling	情境建模
context-aware computing	情境感知计算
context-aware recommendation	情境感知推荐
context-awareness	情境意识
contextual information	情境信息
continuous optimization	持续优化
continuous speech	连续语音
continuous speech recognition	连续语音识别
continuous wavelet transform	连续小波变换

续表

英文关键词	中文翻译
continuum robot	连续体机器人
contrast enhancement	对比度增强
control system	控制系统
convergence	收敛
convergence analysis	收敛分析
convergence rate	收敛速度
conversation analysis	对话分析
conversational agents	会话代理
conversational speech	对话语音
conversational speech recognition	连续言语识别与理解
conversational telephone speech	对话电话语音
convex combination	凸组合
convex optimization	凸优化
convex relaxation	凸松弛
convolution	卷积
convolutional networks	卷积网络
convolutional neural network（CNN）	卷积神经网络（CNN）
convolutional sparse coding	卷积稀疏编码
convolutive mixture	卷积混合
cooperative communications	协作通信
cooperative control	协同控制
cooperative jamming	协同干扰
cooperative localization	协同定位

续表

英文关键词	中文翻译
coordinate descent	坐标下降法
coordinate transformation	坐标变换
coprime arrays	互质阵列
copula theory	COPULA 理论
corpus	语料库
corpus design	语料库设计
correlation analysis	相关分析
correlogram	相关图
cosine distance	余弦距离
co-training	协同训练
covariance estimation	协方差估计
covariance matrix	协方差矩阵
covariance matrix adaptation	协方差矩阵自适应
covariance matrix adaptation evolution strategy（CMA-ES）	协方差自适应调整的进化策略（CMA-ES）
cramer-rao bound（CRB）	克拉美罗界（CRB）
cramer-rao lower bound（CRBL）	克拉美罗下界（CRBL）
cross validation	交叉验证
cross-correlation	互相关
cross-lingual	跨语言
cross-lingual speech recognition	跨语言语音识别
crosstalk	串扰

续表

英文关键词	中文翻译
crosstalk cancellation	串音消除
cross-validation	交叉验证
crowdsourcing	众包
cryptography	密码学
cumulative sum control chart（CUSUM）	累积和控制图（CUSUM）
cyber security	网络安全
cyclostationarity	循环平稳性
data analysis	数据分析
data assimilation	数据同化
data association	数据关联
data augmentation	数据增强
data clustering	数据聚类
data collection	数据采集
data fusion	数据融合
data hiding	信息隐藏
data integration	数据集成
data management	数据管理
data mining	数据挖掘
data privacy	数据保密
data processing	数据处理
data protection	数据保护
data quality	数据质量
data science	数据科学

续表

英文关键词	中文翻译
data selection	数据选择
data streams	数据流
data structures	数据结构
data visualization	数据可视化
database	数据库
Dbpedia	Dbpedia
deblurring	去模糊
decentralized detection	分散检测
decision fusion	决策融合
decision support	决策支持
decision support systems	决策支持系统
decision trees	决策树
decoding	解码
deconvolution	反卷积
decorrelation	去相关性
deep belief network (dbn)	深度信念网络(DBN)
deep clustering	深度聚类
deep convolutional neural networks	深度卷积神经网络
deep learning	深度学习
deep networks	深度网络
deep neural network (DNN)	深层神经网络(DNN)
deep reinforcement learning	深度强化学习
deformable model	变形模型

续表

英文关键词	中文翻译
deformable registration	变形配准
degrees of freedom	自由度
demosaicing	去马赛克
dempster-shafer theory	德姆斯特－谢弗理论
denoising	去噪
denoising autoencoder	去噪自动编码器
dependency parsing	依存句法
depth estimation	深度估计
depth map	深度图
derandomization	去随机化
dereverberation	去混响
derivative-free optimization	无导数优化
description logics	描述逻辑
desktop communication protocol（DCOP）	桌面通信协议（DCOP）
deterministic annealing	确定性退火
dexterous manipulation	灵巧操作
dialect recognition	方言识别
dialog acts	对话行为
dialog modeling	对话建模
dialogue management	对话管理
dialogue systems	对话系统
diarization	分割聚类
dictionary	字典

英文关键词	中文翻译
dictionary learning	字典学习
differential evolution	差分进化算法
differential privacy	差分隐私
diffusion adaptation	扩散自适应
diffusion imaging	弥散成像
diffusion maps	扩散图
diffusion mri	弥散磁共振成像
diffusion process	扩散过程
diffusion strategy	扩散策略
diffusion tensor imaging（DTI）	弥散张量成像（DTI）
digital asset management（DAM）	数字资产管理（DAM）
digital evolution	数字进化
digital forensics	数字取证
digital signal processing	数字信号处理
digital surface model（DSM）	数字地表模型（DSM）
digital terrain model（DTM）	数字地形模型（DTM）
dimensionality reduction	降维
directed graphs	有向图
dirichlet process	狄利克雷过程
discourse analysis	话语分析
discourse markers	话语标记语
discourse structure	话语结构

续表

英文关键词	中文翻译
discrete cosine transform（DCT）	离散余弦变换（DCT）
discrete event systems	离散事件系统
discrete wavelet transform	离散小波变换
discretization	离散化
discriminant analysis	判别分析
discrimination	偏见性
discriminative learning	判别学习
discriminative model	判别模型
discriminative training	判别训练
disfluency detection	不流畅度检测
displacement	移位
distance measure	距离度量
distance metric learning（DML）	距离度量学习（DML）
distant speech recognition	远场语音识别
distant-talking speech recognition	远程对话语音识别
distributed algorithms	分布式算法
distributed beamforming	分布式波束成形
distributed computing	分布式计算
distributed control	分散控制
distributed detection	分布式检测
distributed estimation	分布式估计
distributed learning	分布式学习
distributed microphone array	分布式麦克风阵列

续表

英文关键词	中文翻译
distributed networks	分布式网络
distributed optimization	分布式优化
distributed processing	分布式处理
distributed signal processing	分布式信号处理
distributed speech recognition	分布式语音识别
distributed systems	分布式系统
DNN adaptation	DNN适应
DNN-HMM	深度神经网络-隐马尔科夫模型（DNN-HMM）
DNNs	深度神经网络（DNNs）
DOA	DOA估计算法
domain adaptation（DA）	域适应（DA）
domestic robots	家用机器人
driving simulator	驾驶模拟器
drum transcription	鼓转录
dump	转储
dynamic bayesian networks	动态贝叶斯网络
dynamic environments	动态环境
dynamic features	动态特征
dynamic logic	动态逻辑
dynamic model	动态模型
dynamic networks	动态网络

续表

英文关键词	中文翻译
dynamic optimization	动态优化
dynamic pricing	动态定价
dynamic problems	动态问题
dynamic programming	动态编程
dynamic range compression	动态范围压缩
dynamic simulation	动态模拟
dynamic time warping（DTW）	动态时间规整（DTW）
dysarthria	构音障碍
dysarthric speech	构音障碍性言语
Earth Volumetric Studio（EVS）	EVS
eavesdropping	窃听
echo cancellation	回声消除
ECOG	ECOG 评分标准
ecological momentary assessment	生态瞬时评估
edge detection	边缘检测
edit distance	编辑距离
educational data mining	教育数据挖掘
educational robotics	教育机器人
eigenvoice conversion	特征语音转换
eigenvoice（EV）	特征音（EV）
e-learning	电子学习
electrocardiogram（ECG）	心电图（ECG）
electrodermal activity（EDA）	皮肤电活动（EDA）

续表

英文关键词	中文翻译
electroencephalography（EEG）	脑电图（EEG）
electrolaryngeal speech	电喉语
electromagnetic articulography（EMA）	电磁关节造影术（EMA）
electromyography（EMG）	肌电图（EMG）
electronics design automation（EDA）	电子设计自动化（EDA）
electrooculography	眼电图
embedded speech recognition	嵌入式语音识别
embedded systems	嵌入式系统
embodied conversational agent	具体会话代理
embodiment	具身认知
emg-based speech recognition	基于肌电的语音识别
emotion classification	情绪分类
emotion detection	情绪检测
emotion recognition	情绪识别
emotional speech	情感语音
empirical mode decomposition	经验模态分解
encoder-decoder	编码器－解码器
encryption	加密
end-to-end learning	端到端学习
end-to-end speech recognition	端到端语音识别
end-to-end training	端到端培训
energy minimization	能量最小化
ensemble learning	集成学习

续表

英文关键词	中文翻译
ensemble methods	集成方法
entropy coding	熵编码
environment modeling	环境建模
environmental monitoring	环境监测
episodic memory	情景记忆
epistasis	上位性
epistemic logic	认知逻辑
epochs	epochs
error analysis	误差分析
error concealment	差错隐藏
error correcting codes	纠错码
error detection	误差检测
error propagation	误差传播
ESPRIT	ESPRIT 算法
estimation of distribution algorithms	分配算法的估计
e-textiles	电子纺织品
event detection	事件检测
evolution strategies	进化策略
evolutionary algorithms	进化算法
evolutionary computation	进化计算
evolutionary design	进化设计
evolutionary game theory	进化博弈论
evolutionary multi-objective optimization	进化多目标优化

续表

英文关键词	中文翻译
evolutionary optimization	进化优化
evolutionary robotics	进化机器人学
evolvability	可进化性
excitation source	激励源
exemplar-based	基于范例
exoskeleton	外骨骼
expectation-maximization algorithm (EM)	最大期望算法 (EM)
expert system	专家系统
exponential moving average (EMA)	指数平滑移动平均 (EMA)
expressive speech	表达语言
expressive speech synthesis	表达语音合成
extended kalman filter (EKF)	扩展卡尔曼滤波器 (EKF)
extreme learning machine	极限学习机
eye-tracking	眼动追踪
F0	F0
f0 contour	F0 轮廓
f0 estimation	F0 估计
f0 modeling	F0 建模
face detection	人脸识别
face hallucination	幻觉脸
face recognition	人脸识别
facial animation	面部表情动画
facial expression recognition	面部表情识别

续表

英文关键词	中文翻译
factor analysis	因子分析
factor graph	因子图
factorial hidden markov model（FHMM）	因子隐马尔可夫模型（FHMM）
factorization	因式分解
fading channels	衰落信道
fall detection	跌倒检测
far-field speech recognition	远场语音识别
farrow structure	FARROW 结构
fast algorithms	快速算法
fast fourier transform（FFT）	快速傅里叶变换（FFT）
fault detection	故障检测
f-divergence	F 散度
feature analysis	特征分析
feature combination	特征组合
feature compensation	特征补偿
feature enhancement	特征增强
feature extraction	特征提取
feature fusion	特征融合
feature learning	特征学习
feature mapping	特征映射
feature matching	特征匹配
feature normalization	特征归一化
feature representation	特征表达

续表

英文关键词	中文翻译
feature selection	特征选择
feature tracking	特征跟踪
feature transformation	特征转换
feedback control	反馈控制
field programmable gate array（FPGA）	现场可编程门阵列（FPGA）
field replace unit（FRU）	现场可更换单元（FRU）
field robotics	场地机器人
filter banks	滤波器组
filter design	滤波器设计
fine-grained complexity	细粒度复杂性
finite element analysis	有限元分析
finite element method（FEM）	有限元法（FEM）
finite rate of innovation	有限创新率
finite-difference time-domain（FDTD）	时域有限差分（FDTD）
first language acquisition	母语习得
fisher information matrix	费希尔信息矩阵
fisher vector	费希尔向量
fitness evaluation	适应度评估
fitness landscapes	适应度地形
fitness sharing	适应值共享
flexible manipulator	柔性机械臂
flexible robots	柔性机器人
flocking	FLOCKING 算法

续表

英文关键词	中文翻译
flood	泛洪
flying robot	飞行机器人
fMLLR	特征空间最大似然线性回归（fMLLR）
force control	力控制
force feedback	强制反馈
forced alignment	强制对齐
forensic speaker recognition	法庭说话人识别
forensic voice comparison	法庭语音比对
forensics	辩论学
formal concept analysis	形式概念分析
formal methods	形式化方法
formant frequencies	共振峰频率
formant tracking	共振峰跟踪
formants	共振峰
formation control	编队控制
fourier analysis	傅里叶分析
fourier transform	傅里叶变换
fractal dimension	分形维数
fractional fourier transform	分数阶傅里叶变换
fraud detection	反欺诈
frequency analysis	频率分析

续表

英文关键词	中文翻译
frequency domain	频域
frequency domain linear prediction (FDLP)	频域线性预测 (FDLP)
frequency estimation	频率估算
frequency modulation	调频
frequency offset	频率偏移
frequency warping	频率翘曲
friction compensation	摩擦补偿
fujisaki model	藤崎模型
full-duplex	全双工
function approximation	函数逼近
functional connectivity	功能连接
functional data analysis	函数型数据分析
functional magnetic resonance imaging (FMRI)	功能性磁共振成像 (FMRI)
fundamental frequency	基频
fundamental frequency estimation	基频估计
fuzzy clustering	模糊聚类
fuzzy control	模糊控制
fuzzy logic	模糊逻辑
fuzzy sets	模糊集
gabor filter	GABOR 滤波器
gait analysis	步态分析

续表

英文关键词	中文翻译
gait recognition	步态识别
game theory	博弈论
game-based learning	游戏式学习
gamification	游戏化
gas chromatography	气相色谱法
gaussian distribution	高斯分布
gaussian mixture	高斯混合
gaussian mixture model（GMM）	高斯混合模型（GMM）
gaussian mixture regression	高斯混合回归
gaussian noise	高斯噪声
gaussian process regression	高斯过程回归
gaussian processes	高斯过程
gene regulatory network	基因调控网络
general game playing（GGP）	通用对弈游戏（GGP）
generalized likelihood ratio test（GLRT）	广义似然比检验（GLRT）
general-purpose computing on graphics processing units（GPGPU）	通用图形处理器（GPGPU）
generative adversarial networks	生成式对抗网络
generative and developmental systems	生成和发展系统
generative models	生成模型
genetic algorithms（GAs）	遗传算法（GAs）
genetic improvement	基因改良

续表

英文关键词	中文翻译
genetic programming	基因编程
geodetic network	大地测量网络
geographic information system（GIS）	地理信息系统（GIS）
geoinformation systems	地理信息系统（GIS）
geometric crossover	几何交叉
georeferencing	地理配准
gesture recognition	手势识别
gibbs sampling	吉布斯抽样
global navigation satellite system（GNSS）	全球导航卫星系统（GNSS）
global optimization	全局优化
global positioning system（GPS）	全球定位系统（GPS）
global system for mobile communications（GSM）	全球移动通信系统（GSM）
global variance	整体方差
glottal closure instant（GCI）	声门闭合时刻（GCI）
glottal flow	声门波
glottal inverse filtering	声门逆滤波
glottal source	声门源
gmm supervectors	GMM超向量
GMM-UBM	高斯混合模型－通用背景模型（GMM-UBM模型）
goodness of pronunciation（GOP）	GOP算法（GOP）

续表

英文关键词	中文翻译
GPR	GPR
gradient boosting	梯度提升
gradient descent	梯度下降
gradient methods	梯度法
grammatical evolution	语法演变
graph algorithms	图算法
graph clustering	图聚类
graph coloring	图形着色
graph cuts	Graph Cuts 算法
graph embedding	图嵌入
graph fourier transform（GFT）	图傅里叶变换（GFT）
graph learning	图学习
graph matching	图匹配
graph mining	图挖掘
graph signal	图形信号
graph signal processing	图形信号处理
graph theory	图论
grapheme-to-phoneme conversion	字音转换
Grapheme-to-Phoneme（G2P）	字素到音素（G2P 模型）
graphical lasso	图 Lasso
graphical models	图形模型
graphics processing unit	图形处理单元
Graphics Processing Unit（GPU）	图形处理器（GPU）

英文关键词	中文翻译
grasp planning	抓取规划
greedy algorithm	贪心算法
group delay	群时延
Group Lasso	Group Lasso算法
group recommendation	群组推荐
group sparsity	组稀疏
h.264/avc	H.264/AVC
Hadoop	Hadoop
handwriting recognition	手写识别
haptic feedback	触觉反馈
haptic interaction	触觉互动
haptic interface	触觉界面
hardware	硬件
harmonic analysis	谐波分析
harmonic model	谐波模型
harmonic structure	谐波结构
harmonics	谐波
Hashing	哈希算法（Hashing）
head motion synthesis	头部运动合成
head-related transfer function（HRTF）	头部相关传递函数（HRTF）
hearing aids	助听器
heterogeneity	异质性
heterogeneous information networks	异构信息网络

续表

英文关键词	中文翻译
heterogeneous networks	异构网络
heuristic search	启发式搜索
heuristiclab	启发式实验室
heuristics	启发式
hexapod	六轴
hidden markov model（HMM）	隐马尔可夫模型（HMM）
hierarchical clustering	层次聚类
high efficiency video coding（HEVC）	高效视频编码（HEVC）
high-dynamic range（HDR）	高动态范围（HDR）
higher-order statistics	高阶统计
hilbert envelope	hilbert 包络
hilbert transform	hilbert 变换
hill climbing	爬山算法
histogram equalization	直方图均衡
histogram of oriented gridients（HOG）	定向网格直方图（HOG）
hmm-based speech synthesis（HTS）	基于隐形马尔科夫模型的语音合成（HTS）
hmm-based synthesis	基于隐形马尔科夫模型的合成
hmm-based tts	基于隐形马尔科夫模型的文本转语音
home automation	智能家居
hough transform	霍夫变换

续表

英文关键词	中文翻译
human activity recognition	人类行为识别
human augmentation	人体增强
human factors	人类因素
human interface	人机接口
human perception	人类感知
human speech perception	人类语言认知
human tracking	人体跟踪
human-agent interaction	人人交互
human-computer interaction（HCI）	人机交互（HCI）
human-machine interaction（HMI）	人机交互（HMI）
humanoid robot	人形机器人
human-robot collaboration（HRC）	人机协作（HRC）
human-robot interaction（HRI）	人机交互（HRI）
Hungarian	Hungarian 算法
hybrid algorithms	混合算法
hybrid control	混合控制
hybrid system	混合动力系统
hydroinformatic tools	水信息学工具
hyper-heuristics	超启发式算法
HyperNEAT	HyperNEAT 算法
hyperspectral	高光谱
hyperspectral data	高光谱数据
hyperspectral imaging	高光谱成像

续表

英文关键词	中文翻译
hyperspectral unmixing	高光谱分解
hypothesis testing	假设检验
ideal binary mask	理想二值掩蔽
image analysis	图像分析
image classification	图像分类
image coding	图像编码
image compression	图像压缩
image denoising	图像降噪
image encryption	图像加密
image enhancement	图像增强
image filtering	图像过滤
image forensics	图像取证
image fusion	图像融合
image inpainting	图像修复
image matching	图像匹配
image processing	图像处理
image quality assessment	图像质量评价
image recognition	图像识别
image reconstruction	图像重建
image registration	图像配准
image restoration	图像复原
image retrieval	图像检索
image segmentation	图像分割

续表

英文关键词	中文翻译
image understanding	图像理解
image-guided surgery（IGS）	图像引导手术（IGS）
imitation learning	模仿学习
impedance control	阻抗控制
imperfect information	不完全信息
importance sampling	重要性采样
impulsive noise	脉冲噪声
incremental learning	增量学习
independent component analysis（ICA）	独立成分分析（ICA）
independent vector analysis	独立向量分析
indexing	标引
indirect encoding	间接编码
indoor localization	室内定位
induction	归纳推理
industrial robots	工业机器人
inertial navigation	惯性导航
inertial sensors	惯性传感器
inference	推理
information and communications technology（ICT）	信息通信技术
information bottleneck	信息瓶颈
information diffusion	信息传播

续表

英文关键词	中文翻译
information extraction	信息提取
information fusion	信息融合
information gain	信息获取
information geometry	信息几何
information presentation	信息呈现
information retrieval	信息检索
information security	信息安全
information sharing	信息共享
information structure	信息结构
information system	信息系统
information technology	信息技术
information theory	信息论
information visualization	信息可视化
informed source separation	知情源分离
instantaneous frequency	瞬时频率
integer programming	整数编程
integral image	积分图像
intellectual capital	智力资本
intelligent agents	智能代理
intelligent environments	智能环境
intelligent systems	智能系统
intelligent transportation systems（ITS）	智能交通系统（ITS）
intelligent tutoring systems	智能辅导系统

续表

英文关键词	中文翻译
intelligibility prediction	可懂度预测
intent classification	意图分类
interaction design	交互设计
interactive evolution	互动演化
interactive storytelling	互动叙事
interaural time difference	耳间时差
interface	接口
interface design	界面设计
interference alignment	干扰对齐
interference cancellation	干扰消除
interference channel	干扰信道
interference suppression	干扰抑制
interferometry	干涉仪
internet	互联网
internet of things（IOT）	物联网（IOT）
interoperability	互操作性
interpolation	插值法
interpretability	可解释性
interruptibility	可中断性
inverse dynamics	逆动力学
inverse filtering	逆滤波
inverse kinematics	逆运动学
inverse problems	反问题

续表

英文关键词	中文翻译
inverse reinforcement learning	逆强化学习
island model	岛屿模型
iterated closest points（ICP）	迭代最近点（ICP）
iterative decoding	迭代解码
iterative hard thresholding	迭代硬阈值
I-Vector	I-Vector 模型
Java	Java
joint decoding	联合解码
joint diagonalization	联合对角化
joint estimation	联合估计
joint factor analysis	联合因子分析
joint source-channel coding（JSCC）	联合信源信道编码（JSCC）
joint sparsity	联合稀疏
joint training	联合训练
jpeg compression	JPEG 压缩
judgment aggregation	判断汇总
jumping robot	跳跃机器人
Kaldi	Kaldi
kalman filter	卡尔曼滤波
kernel adaptive filtering	核自适应滤波
kernel density estimation	核密度估计
kernel machines	核机器
kernel methods	核方法

续表

英文关键词	中文翻译
kernel principal component analysis（KPCA）	核主成分分析（KPCA）
kernel regression	核回归
keyword spotting（KWS）	关键词识别（KWS）
Kinect	Kinect
kinetic	kinetic
k-means	K均值
k-means clustering	K均值聚类
k-median	K中值
k-nearest neighbors	K-近邻算法
knowledge acquisition	知识获取
knowledge base	知识库
knowledge creation	知识创造
knowledge discovery	知识发现
knowledge distillation	知识蒸馏
knowledge engineering	知识工程
knowledge extraction	知识抽取
knowledge graph	知识图谱
knowledge management	知识管理
knowledge management systems	知识管理系统
knowledge representation	知识表示
knowledge sharing	知识共享
knowledge transfer	知识传输
knowledge-based systems	知识系统

续表

英文关键词	中文翻译
kriging	克里金法
kronecker product	克罗内克积
K-SVD	K-SVD 算法
kullback-leibler divergence based hidden markov model	基于 KL 散度的隐马尔可夫模型
kullback-leibler divergence（KL divergence）	KL 散度
kurtosis	峰度
l（1）minimization	L（1）最小化
l2 acquisition（SLA）	第二语言习得（SLA）
l2 learning（SLL）	第二语言学习（SLL）
l2 speech perception	二语语音感知
label propagation	标签传播
lagrangian relaxation	拉格朗日松弛
language acquisition	语言习得
language documentation	语言文档
language identification	语种识别
language learning	语言学习
language model adaptation	语言模型自适应
language modeling	语言建模
language recognition	语种识别
language understanding	语言理解

续表

英文关键词	中文翻译
large margin	大边界
large scale optimization	大规模优化
large vocabulary continuous speech recognition (LVCSR)	大词汇量连续语音识别（LVCSR）
large vocabulary speech recognition	大词汇量语音识别
large-scale mimo	大规模天线
large-scale optimization	大规模优化
laser	激光
laser range finder	激光测距仪
laser scanning	激光扫描
latent dirichlet allocation (lda)	潜在狄利克雷分配（LDA）
latent variable model	潜在变量模型
latent variables	潜在变量
lattice-free MMI	LF-MMI
lattices	晶格
laughter detection	笑声检测
lead	Lead 函数
learning analytics	学习分析
learning and adaptive systems	自学习与自适应系统
learning classifier systems	学习分类器系统
learning from demonstration	示教学习
learning management system (LMS)	学习管理系统（LMS）

续表

英文关键词	中文翻译
learning to rank	排序学习
least absolute shrinkage and selection operator（LASSO）	LASSO 算法
least common ancestors（LCA）	最近公共祖先（LCA）
least squares	最小二乘
legged robot	足式机器人
letter-to-sound	字母转语音
level set	水平集
lexical stress	词重音
lexicase selection	词汇选择
lexicon	词典
life cycle assessment	生命周期评估
light detection and ranging（LiDAR）	激光雷达（LiDAR）
light field	光场
likelihood ratio	似然比
limited data	有限数据
limited feedback	有限反馈
line search	线搜索
line spectral frequencies	线谱频率
linear discriminant analysis（LDA）	线性判别分析（LDA）
linear genetic programming	线性遗传规划
linear precoding（LPC）	线性预编码（LPC）

续表

英文关键词	中文翻译
linear prediction	线性预测
linear programming	线性规划
linear regression	线性回归
linear time-invariant system	线性时不变系统
linear transformation	线性变换
link prediction	链接预测
linkage learning	联动学习
linked data	关联数据
linked open data	关联开放数据
lipreading	唇读
list decoding	列表译码
load balancing	负载均衡
local binary pattern（LBP）	本地二进制模式（LBP）
local phase	局部相
local search	本地搜寻
locality sensitive hashing（LSH）	局部敏感哈希（LSH）
locally linear embedding（LLE）	局部线性嵌入（LLE）
location-based services	定位服务
logic	逻辑
logistic regression	逻辑回归
logistics	逻辑
log-linear model	对数线性模型
lombard effect	伦巴第效应

续表

英文关键词	中文翻译
lombard speech	伦巴第语语音
long short-term memory（LSTM）	长短期记忆（LSTM）
long term evolution（LTE）	长期演进（LTE）
longitudinal study	纵向研究
loudspeaker array	扬声器阵列
low complexity	低复杂度
low density parity check code（LDPC）	低密度奇偶校验码（LDPC）
lower bounds	下界
low-impact development（LID）	低冲击开发（LID）
low-power	低电量
low-rank	低阶
low-rank approximation	低秩逼近
low-rank matrix recovery	低秩矩阵恢复
low-resource	低资源
low-resource languages	低资源语言
low-resource speech recognition	低资源语音识别
machine hearing	机器听觉
machine learning	机器学习
machine translation	机器翻译
machine vision	机器视觉
magnetic resonance imaging（MRI）	磁共振成像（MRI）
magnetic separation	磁选
magnetoencephalography（MEG）	脑磁图（MEG）

续表

英文关键词	中文翻译
magnetometer	磁力计
majorization-minimization（MM）	MAJORIZATION-MINIMIZATION 框架（MM）
malware classification	恶意软件分类
malware detection	恶意软件检测
mammography	乳房摄影术
man machine system engineering（MMSE）	人机系统工程学（MMSE）
mandarin speech recognition	普通话语音识别
manifold	流形
manifold learning	流形学习
manipulator	机械手
many-objective optimization	多目标优化
margin	外边距
markov chain	马尔可夫链
markov chain monte carlo（MCMC）	马尔可夫链蒙特卡洛（MCMC）
markov decision process（MDP）	马尔可夫决策过程（MDP）
markov models	马尔可夫模型
markov random fields	马尔可夫随机场
mask estimation	掩膜估计
mass spectrometry（MS）	质谱法（MS）
massive mimo	大规模天线
matching pursuit（MP）	匹配追踪算法（MP）

续表

英文关键词	中文翻译
mathematical model	数学模型
mathematical morphology	数学形态学
mathematical programming	数学规划
MATLAB	MATLAB
matrix completion	矩阵补全
matrix factorization	矩阵分解
maximum a posteriori estimation（MAP）	最大后验估计（MAP）
maximum entropy	最大熵
maximum likelihood	最大似然
maximum likelihood linear regression（MLLR）	最大似然线性回归（MLLR）
maximum mutual information（MMI）	最大互信息（MMI）
maximum satisfiability problem（MaxSAT）	最大可满足性问题（MaxSAT）
mcgurk effect	麦格克效应
mechanism	机制主义
mechanism design	机制设计
medical image analysis	医学影像分析
medical imaging	医学影像
medical robotics	医疗机器人
meeting recognition	会议识别
mel frequency cepstrum coefficient（MFCC）	梅尔频率倒谱系数（MFCC）
melody extraction	旋律提取

续表

英文关键词	中文翻译
memetic algorithms	模因算法
message passing	信息传递
meta-analysis	元分析
metadata	元数据
metaheuristics	元启发式
metric learning	度量学习
micro manipulation	微操纵
microcontroller	微控制器
micro-electro-mechanical system（MEMS）	微机电系统（MEMS）
micromanipulation	微操纵
microphone array	麦克风阵列
microphone array signal processing	麦克风阵列信号处理
microrobot	微型机器人
microstructure	微观结构
middleware	中介软件
mimo detection	MIMO 检测
mimo radar	微型雷达
mimo systems	MIMO 系统
minimally invasive surgery	微创手术
Minimax	极小极大算法（Minimax 算法）
minimum bayes risk	最小贝叶斯风险
minimum classification error	最小分类误差
minimum generation error	最小生成误差

续表

英文关键词	中文翻译
minimum variance distortionless response (MVDR)	最小方差无失真响应(MVDR)
mispronunciation detection	发音错误
mispronunciation detection and diagnosis	发音错误和诊断
missing data	缺失数据
mixed integer linear programming (MILP)	混合整数线性规划(MILP)
mixed reality	混合现实
mixture models	混合模型
mixture of experts (MOE)	混合专家模型(MOE)
mmse estimation	最小均方误差估计
mobile agents	移动代理
mobile applications	移动应用
mobile computing	移动计算
mobile data mining	移动数据挖掘
mobile devices	移动设备
mobile health (mHealth)	移动医疗(mHealth)
mobile manipulation	移动操纵
mobile robot navigation	移动机器人导航
mobile robots	移动机器人
mobile sensing	移动感应
mobility	移动能力
modal analysis	模态分析

续表

英文关键词	中文翻译
modal logic	模态逻辑
model adaptation	模型适应
model checking	模型检测
model combination	模型组合
model compression	模型压缩
model selection	模型选择
modeling	建模
modeling and simulation	建模与仿真
modified discrete cosine transform（MDCT）	修正离散余弦变换（MDCT）
modular	模块化
modular robots	模块机器人
modularity	模块度
modulation domain	调制域
modulation frequency	调制频率
modulation spectrum	调制频谱
monitoring system	监控系统
monte carlo methods	蒙特卡洛方法
monte carlo simulation	蒙特卡洛模拟
monte carlo tree search（MCTS）	蒙特卡洛树搜索（MCTS）
MOOCs	MOOCs
morpheme	词素
morphology	形态学
motion analysis	运动分析

续表

英文关键词	中文翻译
motion and path planning	运动和路径规划
motion capture	动作捕捉
motion compensation	运动补偿
motion control	运动控制
motion correction	运动校正
motion detection	运动检测
motion estimation	运动估计
motion planning	运动规划
motion tracking	运动追踪
motor imagery	运动影像
motor learning	运动学习
multi-agent	多主体
multi-agent learning	多主体学习
multi-agent network	多主体网络
multi-agent reinforcement learning	多主体强化学习
multi-agent simulation	多主体仿真
multi-agent systems	多代理系统
multi-armed bandit	多臂匪
multi-atlas segmentation	多图集分割
multichannel	多通道
multichannel signal detection	多通道信号检测
multichannel speech enhancement	多通道语音增强
multichannel wiener filter	多通道维纳滤波器

续表

英文关键词	中文翻译
multiclass classification	多类别分类
multi-condition training	多条件训练
multidimensional scaling	多维缩放
multifractal analysis	多重分形分析
multi-label classification	多标签分类
multi-layer neural network	多层神经网络
multi-layer perceptron（MLP）	多层感知器（MLP）
multilingual	多语言
multilingual speech recognition	多语言语音识别
multilingual training	多语种培训
multimedia	多媒体
multimedia event detection	多媒体事件检测
multimedia forensics	多媒体取证
multimodal	多峰
multimodal fusion	多峰融合
multimodal interaction	多峰相互作用
multimodal signal processing	多峰信号处理
multimodality	多模态
multi-objective	多目标
multi-objective evolutionary Algorithm based on decomposition（MOEA/D）	基于分解的多目标进化算法（MOEA/D）
multi-objective evolutionary algorithms	多目标进化算法

续表

英文关键词	中文翻译
multi-objective optimization	多目标优化
multipath	多路径
multipath exploitation	多路径利用
multi-pitch estimation	多音高估计
multi-pitch tracking	多音高跟踪
multiple instance learning	多实例学习
multiple kernel learning	多核学习
multiple measurement vectors	多重测量向量
multiple robots	多机器人
multiple-channel detection	多通道检测
multiple-input multiple-output（MIMO）	多进多出（MIMO）
multi-resolution	多分辨率
multi-robot	多机器人
multi-robot systems	多机器人系统
multistatic radar	多基地雷达
multi-target tracking	多目标跟踪
multi-task learning	多任务学习
multiuser detection	多用户检测
multiuser MIMO	多用户MIMO
multi-view learning	多视角学习
music information retrieval	音乐信息检索
music recommendation	音乐推荐
music signal processing	音乐信号处理

续表

英文关键词	中文翻译
music transcription	音乐转录
musical noise	音乐噪声
mutual information	互信息
named entity recognition	命名实体识别
nanoparticles	纳米粒子
nanotechnology	纳米技术
NAP	NAP
nash equilibrium	纳什均衡
National Insitute of Standards and Technology Speaker Recognition Evaluation（NIST SRE）	声纹识别技术评测比赛（NIST SRE）
NATURA 2000	NATURA 2000
natural gradient	自然梯度
natural language	自然语言
natural language generation	自然语言生成
natural language interfaces	自然语言界面
natural language processing（NLP）	自然语言处理（NLP）
natural language understanding	自然语言理解
navigation	导航
N-best list	N-best 列表
nearest neighbor search	最近邻搜索
network analysis	网络分析

续表

英文关键词	中文翻译
network coding	网络编码
network embedding	网络嵌入
network inference	网络推理
network security	网络安全
network theory	网络理论
network tomography	网络断层扫描
neural decoding	神经解码
neural network language model	神经网络语言模型
neural networks	神经网络
neuroevolution	神经进化
neuroimaging	神经影像学
N-gram	N-gram 模型
niching	小生境
NK-landscapes	NK 景观
noise adaptation	噪声自适应
noise compensation	噪声补偿
noise estimation	噪声估计
noise power estimation	噪声功率估计
noise robust asr	噪声鲁棒性自动语音识别
noise robust speech recognition	噪声鲁棒性语音识别
noise robustness	噪声鲁棒性
noise shaping	噪声整形
noise suppression	噪声抑制

续表

英文关键词	中文翻译
noisy speech	带噪语音
noisy speech recognition	带噪语音识别
non-audible murmur（NAM）	无杂音（NAM）
non-circular sources	非圆源
non-convex optimization	非凸优化
non-gaussian	非高斯
nonholonomic systems	非完整系统
nonlinear	非线性
nonlinear control	非线性控制
nonlinear distortion	非线性失真
nonlinear estimation	非线性估计
nonlinear filters	非线性滤波器
nonlinear optimization	非线性优化
nonlinear system identification	非线性系统辨识
nonlinear systems	非线性系统
nonlinearity detection	非线性检测
non-local means	非局部均值
nonmonotonic reasoning	非单调推理
non-native speech	非母语
non-native speech recognition	非母语语音识别
non-negative matrix factorization（NMF）	非负矩阵分解（NMF）
non-negative tensor factorization	非负张量分解
non-objective search	非目标搜索

续表

英文关键词	中文翻译
non-parallel training	非平行训练
non-rigid registration	非刚性配准
non-separable problems	不可分问题
non-stationary noise	非平稳噪声
nonverbal communication	非口头交流
normalization	归一化
normalized vegetation index (NDVI)	归一化植被指数 (NDVI)
novelty search	科技查新
NSGA-II	带精英策略的非支配排序的遗传算法 (NSGA-II)
nuclear magnetic resonance (NMR)	核磁共振 (NMR)
nuclear norm	核范数
nuisance attribute projection	扰动属性投影
numerical analysis	数值分析
numerical modelling	数值模拟
numerical optimization	数值优化
numerical simulation	数值模拟
object classification	对象分类
object detection	目标检测
object recognition	对象识别
object tracking	目标跟踪
observability	可观测性

续表

英文关键词	中文翻译
observation uncertainty	观察不确定性
obstacle avoidance	避障
obstacle detection	障碍物检测
occlusion	遮挡剔除
one-bit quantization	一比特量化
one-class svm	单类支持向量机
online	线上
online advertising	在线广告
online algorithms	在线算法
online analytical processing（OLAP）	联机分析处理（OLAP）
online evaluation	在线评估
online evolution	在线进化
online learning	在线学习
online processing	在线处理
online speech recognition	在线语音识别
onset detection	音符起始点检测
ontology	本体论
ontology alignment	本体对齐
ontology engineering	本体工程
open source	开源
opinion dynamics	舆论动力学
opinion mining	观点挖掘
optical character recognition（OCR）	光学字符识别（OCR）

续表

英文关键词	中文翻译
optical flow	光流
optimal control	最优控制
optimal mixing	最佳混合
organizational learning	组织学习
orthogonal frequency division multiple access（OFDMA）	正交频分多址（OFDMA）
orthogonal frequency division multiplexing（OFDM）	正交频分复用（OFDM）
orthogonal matching pursuit	正交匹配追踪
orthophoto	正射影像
outage probability	中断概率
outlier detection	异常值检测
outliers	异常值
out-of-vocabulary（OOV）	未登录词（OOV）
overlap detection	重叠检测
overlapping speech	重叠语音
over-smoothing	过度平滑
OWL	OWL
packet loss concealment（PLC）	数据包丢失隐藏（PLC）
PageRank	PageRank
PARAFAC	平行因子法
paralinguistic information	副语言信息

续表

英文关键词	中文翻译
paralinguistics	副语言学
parallel algorithms	并行算法
parallel computing	并行计算
parallel evolutionary algorithms	并行进化算法
parallel manipulators	并联机械手
parallel mechanism	并行机制
parallel processing	并行处理
parallel robots	并联机器人
parallelization	并行化
parameter control	参数控制
parameter estimation	参数估计
parameter tuning	参数调整
parameterization	参数化
parameterized complexity	参数复杂度
parametric speech synthesis	参数语音合成
parametric synthesis	参数合成
pareto optimality	帕累托最优
partial least squares	偏最小二乘法
partially observable markov decision process（POMDP）	部分可观察的马尔可夫决策过程（POMDP）
participatory design	参与式设计
participatory sensing	参与式感知

续表

英文关键词	中文翻译
particle filter	粒子滤波
particle flow	粒子流
particle swarm optimization（PSO）	粒子群优化（PSO）
passive house	被动房
passive radar	无源雷达
path planning	路径规划
pattern classification	模式分类
pattern discovery	模式发现
pattern matching	模式匹配
pattern mining	模式挖掘
pattern recognition	模式识别
peak alignment	峰匹配
pedestrian detection	行人检测
perceptual learning	感知学习
perceptual objective listening quality analysis（POLQA）	感知客观听力质量评估（POLQA）
perceptual video quality	视频主观质量评价
perfect reconstruction	准确重构
permutation invariant training（PIT）	置换不变训练（PIT）
perplexity	困惑度
person re-identification	行人重识别
personal informatics	个人信息学

续表

英文关键词	中文翻译
persuasion	说服理论
perturbation analysis	扰动分析
petri nets	Petri 网
phase estimation	相位估计
phase information	相位信息
phase noise	相位噪声
phase reconstruction	相位重建
phase retrieval	相位检索
phase spectrum	相位谱
phase transition	相变
phase unwrapping	相位展开
phone recognition	电话识别
phoneme recognition	音素识别
phonetic alignment	音素对齐
phonetic classification	音素分类
phonetic convergence	音变的汇合
phonetic features	音素特征
phonetic recognition	音素识别
phonetic segmentation	音素分割
phonetics	语音学
phonological features	音系特征
phonology	音系学
phonotactics	语音组合法

续表

英文关键词	中文翻译
photogrammetry	摄影测量学
photoplethysmography	光电容积脉搏波
photovoltaic system	光伏系统
physical human-robot interaction（PHRI）	人机肢体交互（PHRI）
physical layer security	物理层安全
physico-chemical parameters	理化参数
pitch detection	音调检测
pitch estimation	基音估计
pitch perception	音调知觉
pitch tracking	音调跟踪
planning under uncertainty	不确定性下的计划
PLC	可编程逻辑控制器
PLSA	概率潜在语义分析（PLSA）
pm2.5	PM2.5
pneumatic actuator	气动执行器
point cloud	点云
point process	点过程
polar codes	极化码
policy gradient	策略梯度
pose estimation	姿势估计
position control	位置控制
position estimation	位置估计

续表

英文关键词	中文翻译
positron emission computed tomography（PET）	正电子发射计算机断层扫描（PET）
posterior features	后部特征
posterior probability	后验概率
post-filtering	后置滤波
potential fields	势场
power allocation	功率分配
power control	功率控制
power law	幂法则
power method	幂法
power spectral density	功率谱密度
precoding	预编码
prediction model	预测模型
predictive coding	预测编码
predistortion	预失真
preference elicitation	偏好诱导
preference learning	偏好学习
premature convergence	早熟收敛
principal component analysis（PCA）	主成分分析（PCA）
probabilistic latent component analysis	概率潜在成分分析
probabilistic linear discriminant analysis（PLDA）	概率线性判别分析（PLDA）

续表

英文关键词	中文翻译
probabilistic models	概率模型
probability density function（PDF）	概率密度函数（PDF）
probably approximately correct learning（PAC learning）	概率近似正确学习
procedural content generation	程序化内容生成
process-oriented case-based reasoning	面向过程的案例推理
program semantics	程序语义
program synthesis	程序综合
programming by demonstration	示教编程
projection	投影
pronunciation assessment	发音评估
pronunciation error detection	发音错误检测
pronunciation learning	发音学习
pronunciation modeling	发音模型
pronunciation scoring	发音评分
pronunciation variation	发音变化
prosodic analysis	韵律分析
prosodic features	韵律特征
prosodic labeling	韵律标签
prosodic structure	韵律结构
prosody modeling	韵律建模
prostate segmentation	前列腺分割

续表

英文关键词	中文翻译
prototyping	原型制作
proxemics	空间关系学
proximal methods	近端方法
proximity operator	投影算子
pseudorandomness	伪随机数
python	python
q-learning	增强学习（Q-Learning）
quadratic programming	二次编程
quadruped robot	四足机器人
quality of service（QoS）	服务质量（QoS）
quantified self	量化自我
quantum algorithms	量子算法
quantum computing	量子计算
Quartz	Quartz
quasigeoid	似大地水准面
quaternion	四元数
query complexity	查询复杂度
query expansion	查询扩展
query-by-example	实例查询
question answering	问答
quickest change detection	最快变化检测
radar imaging	雷达成像
radial basis functions（RBF）	径向基函数（RBF）

续表

英文关键词	中文翻译
radio astronomy	射电天文学
radio frequency identification（RFID）	射频识别（RFID）
radon transform	拉东变换（Radon 变换）
ramanujan sums	拉马努扬总和
random features	随机特征
random finite sets	随机有限集
random forests	随机森林
random matrices	随机矩阵
random matrix theory	随机矩阵理论
random projections	随机投影
random sample consensus（RANSAC）	随机样本共识（RANSAC）
random sampling	随机抽样
random walk	随机游走
randomization	随机化
randomized algorithms	随机算法
range sensing	范围感测
ranking support vector machine	排序式支持向量机
rao-blackwellized particle filter（RBPF）	Rao-Blackwellized 粒子滤波器（RBPF）
rapid adaptation	快速适应
rate control	码率控制
real-time bidding（RTB）	实时竞价（RTB）

续表

英文关键词	中文翻译
real-time kinematic（RTK）	实时运动学（RTK）
real-time MRI	磁共振实时成像
real-time processing	实时处理
real-time systems	实时系统
reasoning	推理
reasoning in agent-based systems	基于代理的系统推理
reassignment	再分配
recommender systems	推荐系统
rectified linear units（ReLU）	整流线性函数（ReLU）
recurrent neural network language model（RNNLM）	递归神经网络语言模型（RNNLM）
recurrent neural network（RNN）	递归神经网络（RNN）
recursive least squares（RLS）	递归最小二乘（RLS）
redundant actuation	冗余驱动
redundant robots	冗余机器人
region growing	区域生长
regional accent	区域口音
regression	回归
regression analysis	回归分析
regularization	正则化
rehabilitation robotics	康复机器人
reinforcement learning	强化学习

续表

英文关键词	中文翻译
relevance vector machine	相关向量机
remote control	遥控
remote sensing	遥感
remote sensing data	遥感数据
repeated games	重复博弈
replay attack	重放攻击
representation learning	表征学习
reproducible research	可重复性研究
reproducing kernel hilbert space（RKHS）	再生核希尔伯特空间（RKHS）
re-ranking	重排序
rescue robot	救援机器人
reservoir	储备池
residual echo suppression	残余回声抑制
residual learning	残差学习
residual neural network（ResNet）	残差神经网络（ResNet）
resource description framework（RDF）	资源描述框架（RDF）
restricted boltzmann machine（RBM）	受限玻尔兹曼机（RBM）
retrieval	数据检索
reverberant speech recognition	混响语音识别
reverberation time	混响时间
reverse engineering	逆向工程
reward shaping	奖励设计
RGB-D	RGB-D

续表

英文关键词	中文翻译
rich transcription	富集转录
riemannian manifold	黎曼流形
riesz transform	里斯变换
risk assessment	风险评估
robocup	机器人世界杯
robot	机器人
robot audition	机器人听觉
robot control	机器人控制
robot design	机器人设计
robot hand	机械手
robot localization	机器人定位
robot navigation	机器人导航
robot operating system（ROS）	机器人操作系统（ROS）
robot perception	机器人感知
robot planning and plan execution	机器人规划与执行
robot programming	机器人编程
robot vision	机器人视觉
robot-assisted surgery	机器人辅助手术
robotic hand	机械手
robotic surgery	机器人手术
robotics	机器人技术
robust automatic speech recognition	稳健自动语音识别
robust beamforming	稳健波束形成算法

续表

英文关键词	中文翻译
robust control	鲁棒控制
robust detection	稳健检测
robust estimation	稳健估计
robust feature extraction	鲁棒特征提取
robust features	稳健特征
robust optimization	稳健优化
robust principal component analysis	稳健主成分分析
robust regression	稳健回归
robust speaker recognition	稳健性说话人识别
robust speech recognition	稳健语音识别
robust statistics	稳健统计
robustness	鲁棒性
room acoustics	室内声学
room impulse response	房间脉冲响应
route planning	路径规划
routing	路由
rover	ROVER
runtime analysis	运行时分析
saliency	显著性
saliency detection	显著性检测
saliency map	显著图
sample complexity	样本复杂度
sampling theory	抽样理论

续表

英文关键词	中文翻译
satellite communications	卫星通信
satellite images	卫星影像
satisfiability（SAT）	布尔可满足性问题（SAT）
scalability	可扩展性
scalable	可扩展性
scale-invariant feature transform（SIFT）	尺度不变特征变换（SIFT）
scale-space	尺度空间
scan matching	扫描匹配
scene understanding	场景理解
score calibration	评分校准
score normalization	评分归一化
search engine	搜索引擎
search-based software engineering（SBSE）	基于搜索的软件工程（SBSE）
second language acquisition（SLA）	第二语言习得（SLA）
second language learning（SLL）	第二语言学习（SLL）
secrecy rate	保密率
segmental conditional random fields	分段条件随机场
self-adaptation	自适应
self-calibration	自校准
self-organization	自组织
self-organizing map（SOM）	自组织映射（SOM）
self-tracking	自跟踪
semantic analysis	语义分析

续表

英文关键词	中文翻译
semantic parsing	语义解析
semantic relations	语义关系
semantic search	语义搜索
semantic segmentation	语义分割
semantic similarity	语义相似度
semantic web	语义网
semantics	语义学
semidefinite programming（SDP）	半正定编程（SDP）
semidefinite relaxation（SDR）	半正定松弛（SDR）
semi-supervised classification	半监督分类
semi-supervised learning	半监督学习
semi-supervised training	半监督训练
sensing	感测
sensitivity analysis	敏感性分析
sensor fusion	感测融合
sensor management	传感器管理
sensor networks	传感器网络
sensor placement	传感器布置
sensor selection	传感器选择
sensors	感应器
sentence boundary detection	句子边界检测
sentence segmentation	句子分割
sentiment analysis	情绪分析

续表

英文关键词	中文翻译
sequence training	序列训练
sequential analysis	序贯分析
sequential detection	序贯检测
sequential monte carlo	序列蒙特卡洛
serial digital interface（SDI）	串行数字接口（SDI）
serious games	严肃游戏
service robots	服务机器人
service-oriented architecture（SOA）	面向服务架构（SOA）
session variability	会话可变性
session-based recommendation	短序列推荐
shape prior	先验形状
shear strength parameters	抗剪强度参数
shortest paths	最短路径
short-time fourier transform	短时傅里叶变换
side information	边信息
sign language	标志语言
signal denoising	信号降噪
signal detection	信号检测
signal enhancement	信号增强
signal noise ratio estimation（SNR estimation）	信噪比估算
signal processing	信号处理

续表

英文关键词	中文翻译
signal processing education	信号处理教学
signal processing on graphs	图信号
signal reconstruction	信号重建
signal separation	信号分离
signal-to-noise ratio （SNR）	信噪比（SNR）
silent speech interface	无声语音接口
similarity	相似度
similarity measure	相似性测度
similarity search	相似性搜索
simulated annealing	模拟退火
simulation model	仿真模型
simulation optimization	仿真优化
simultaneous localization and mapping （SLAM）	同时定位和制图（SLAM）
singing synthesis	歌唱合成
singing voice separation	歌声分离
singing voice synthesis	歌声合成
single channel source separation	单通道源分离
single-channel	单通道
single-channel noise reduction	单通道降噪
single-channel speech enhancement	单通道语音增强
singular spectrum analysis	奇异谱分析

续表

英文关键词	中文翻译
singular value decomposition（SVD）	奇异值分解（SVD）
singularity	奇点
sinusoidal modeling	正弦建模
situation awareness	情境意识
sliding mode control	滑模控制
sliding window	滑动窗口
slope stability	边坡稳定性
slot filling	槽填充
smart city	智慧城市
smart environment	智能环境
smart grid	智能电网
smart home	智能家居
smart mobility	智能出行
smartphone	智能手机
smartwatch	智能手表
snake-like robot	蛇形机器人
social choice	社会选择
social choice theory	社会选择理论
social computing	社会计算
social human-robot interaction	社交型人机交互
social influence	社会影响力
social intelligence	社会智能
social learning	社会学习

续表

英文关键词	中文翻译
social network analysis	社交网络分析
social presence	社会临场感
social robotics	社会机器人学
social signal processing	社会信号处理
social signals	社会信号
socially assistive robotics（SAR）	社会辅助型机器人（SAR）
soft fingertip	软指尖
soft robotics	软体机器人
software	软件
software defined radio（SDR）	软件无线电（SDR）
software engineering	软件工程
Software-as-a-Service（SaaS）	软件即服务（SaaS）
sound change	声音变化
sound classification	声音分类
sound event detection（AED）	声音事件检测（AED）
sound field reproduction	声场重现
sound localization	声源定位
sound recognition	声音识别
sound source localization	声源定位
sound source separation	声源分离
source coding	信源编码
source counting	源计数
source localization	声源定位

续表

英文关键词	中文翻译
source number estimation	源数估计
source separation	源分离
source-filter model	源-滤波器模型
space monitoring	空间监测
SPARQL	SPARQL
sparse approximation	稀疏近似
sparse array	稀疏数组
sparse bayesian learning	稀疏贝叶斯学习
sparse coding	稀疏编码
sparse estimation	稀疏估计
sparse modeling	稀疏建模
sparse optimization	稀疏优化
sparse recovery	稀疏恢复
sparse regression	稀疏回归
sparse regularization	稀疏正则化
sparse representation	稀疏表示
sparse signal	稀疏信号
sparse signal recovery	稀疏信号恢复
sparse signal representation	信号稀疏表示
sparse system identification	稀疏系统识别
sparsification	稀疏化
sparsifying transform learning	稀疏变换学习
sparsity	稀疏性

续表

英文关键词	中文翻译
spatial aliasing	空间假频
spatial analysis	空间分析
spatial audio	空间音频
spatial data	空间数据
spatial distribution	空间分布
spatial filtering	空间滤波
spatial planning	空间规划
speaker adaptation	说话人自适应
speaker adaptive training	说话人自适应训练
speaker change detection	说话人改变检测
speaker classification	说话人分类
speaker clustering	声纹聚类
speaker code	说话人编码
speaker detection	说话人检测
speaker diarization	声纹分割聚类
speaker identification	说话人辨认
speaker normalization	说话人归一化
speaker recognition	说话人识别
speaker segmentation	说话人分割
speaker tracking	说话人跟踪
speaker variability	说话人差异
speaker verification	说话人确认
spectral analysis	谱分析

续表

英文关键词	中文翻译
spectral clustering	谱聚类
spectral decomposition	谱分解
spectral envelope	频谱包络
spectral estimation	频谱估计
spectral features	频谱特征
spectral graph theory	谱图理论
spectral mapping	谱映射
spectral subtraction	谱减法
spectral tilt	频谱倾斜
spectrogram	频谱图
spectro-temporal features	谱-时间特征
spectro-temporal modulation	谱-时间调制
spectrum	光谱
spectrum analysis	频谱分析
spectrum estimation	频谱估计
spectrum sensing	频谱感知
spectrum sharing	频谱共享
speech acquisition	语音采集
speech activity detection	语音活动检测
speech analysis	语音分析
speech and audio coding	语音和音频编码
speech annotation	语音注释
speech articulation	语音清晰度

续表

英文关键词	中文翻译
speech assessment	语音评分
speech classification	语音分类
speech coding	语音编码
speech communication	语言交流
speech comprehension	言语理解
speech corpora	语音语料库
speech database	语音数据库
speech dereverberation	语音混响
speech detection	语音检测
speech disorders	语言障碍
speech dynamics	语音动力学
speech emotion recognition	语音情绪识别
speech enhancement	语音增强
speech features	语音特征
speech in noise	噪声中的语音
speech indexing	语音索引
speech intelligibility	语音清晰度
speech intelligibility prediction	语音清晰度预测
speech inversion	语音倒置
speech modeling	语音建模
speech modification	言语修饰
speech motor control	言语运动控制
speech perception	语音感知

续表

英文关键词	中文翻译
speech presence probability	语音存在概率
speech processing	语音处理
speech production	语音产生
speech prosody	言语韵律
speech quality	语音质量
speech recognition	语音识别
speech reconstruction	语音重建
speech retrieval	语音检索
speech rhythm	言语节奏
speech separation	语音分离
speech signal processing	语音信号处理
speech summarization	语音摘要
speech synthesis	语音合成
speech technology	语音技术
speech therapy	语言治疗
speech timing	语音计时
speech transcription	语音转录
speech translation	语音翻译
speech understanding	言语理解
speech-to-speech translation（S2ST）	语音到语音翻译（S2ST）
speech-to-text	语音转文字
speedup technique	加速技术
spherical harmonic transform	球谐变换

续表

英文关键词	中文翻译
spherical harmonics	球谐函数
spherical microphone array	球形麦克风阵列
spoken dialogue	口语对话
spoken dialogue systems	口语对话系统
spoken document retrieval	语音文件检索
spoken language processing	口语处理
spoken language recognition	口语识别
spoken language translation	口语翻译
spoken language understanding（SLU）	口语理解（SLU）
spoken term detection	语音术语检测
spoken word recognition	听觉词汇识别
spontaneous speech	自然口语
spontaneous speech recognition	自发语音识别
spoof detection	欺骗检测
spoofing attack	欺骗攻击
spoofing detection	欺骗检测
stability analysis	稳定性分析
standardization	标准化
state estimation	状态估计
state-space model	状态空间模型
static load test	静载荷试验
statistical analysis	统计分析
statistical language model	统计语言模型

续表

英文关键词	中文翻译
statistical learning	统计学习
statistical machine translation	统计机器翻译
statistical model	统计模型
statistical parametric speech synthesis	统计参数语音合成
statistical shape model（ASM）	统计形状模型（ASM）
statistical speech synthesis	统计语音合成
steady state visual evoked potential（SSVEP）	稳态视觉诱发电位（SSVEP）
steganalysis	隐写分析
steganography	隐写术
stereo	立体声
stereo matching	立体声匹配
stereo vision	立体视觉
stewart platform	STEWART 平台
stiefel manifold	格拉斯曼流形
stochastic approximation	随机近似
stochastic geometry	随机几何
stochastic gradient descent	随机梯度下降
stochastic optimization	随机优化
story segmentation	故事分割
structural similarity（SSIM）	结构相似性（SSIM）
structure from motion	运动结构

续表

英文关键词	中文翻译
structure learning	结构化学习
structured light	结构光
structured prediction	结构化预测
structured query language（SQL）	结构化查询语言（SQL）
structured sparsity	结构化稀疏
subglottal resonances	声门下共振
sublinear algorithms	亚线性算法
submodular optimization	次模优化
submodularity	次模
sub-nyquist sampling	亚奈奎斯特取样
subspace	子空间
subspace clustering	子空间聚类
subspace estimation	子空间估计
subspace learning	子空间学习
subspace method	子空间法
subspace modeling	子空间建模
subspace projection	子空间投影
subspace tracking	子空间追踪
super-resolution	超分辨率
supervector	超向量
supervised classification	监督分类
supervised learning	监督学习
supervisory control	监督控制

续表

英文关键词	中文翻译
support vector machine（SVM）	支持向量机（SVM）
support vector regression（SVR）	支持向量回归（SVR）
surface mounted technology（SMT）	表面贴装技术（SMT）
surface reconstruction	表面重建
surgical robot	手术机器人
surrogate models	替代模型
survival analysis	生存分析
swarm intelligence	集群智能
swarm robotics	群体机器人
switching control	切换控制
symbolic regression	符号回归
synchronization	同步化
synthetic aperture radar（SAR）	合成孔径雷达（SAR）
synthetic speech	合成语音
system combination	系统组合
system fusion	系统融合
system identification	系统识别
System-on-a-Chip（SoC）	片上系统（SoC）
systems biology	系统生物学
tabu search	禁忌搜索
tactile display	触觉展示
tactile feedback	触觉反馈
tactile sensor	触觉传感器

续表

英文关键词	中文翻译
talking head	说话人头部
Tandem	Tandem
tandem features	串联特征
target detection	目标检测
target tracking	目标跟踪
telemanipulation	远程操纵
teleoperation	遥距操作
telephone speech	电话语音
telepresence	远程呈现
telerobotics	远程机器人
template matching	模板匹配
temporal correlation	时间相关性
temporal dynamics	时间动态
temporal information	时态信息
temporal logic	时序逻辑
temporal reasoning	时序推理
tensor	张量
tensor decomposition	张量分解
tensor factorization	张量分解
terrestrial laser scanning（TLS）	地面激光扫描（TLS）
text classification	文字分类
text corpus	文本语料库
text detection	文字检测

续表

英文关键词	中文翻译
text mining	文字挖掘
text normalization	文本规范化
text processing	文字处理
text-dependent	文本相关
text-dependent speaker recognition	文本相关的说话人识别
text-independent	文本无关
text-to-speech synthesis	文本到语音合成
text-to-speech（TTS）	文本到语音（TTS）
texture analysis	纹理分析
texture segmentation	纹理分割
TF-IDF	TF-IDF
thompson sampling	汤普森采样
throughput	通量
through-the-wall radar imaging	穿墙雷达成像
time delay estimation	时延估计
time difference of arrival（TDOA）	到达时间差（TDOA）
time reversal	时反法
time series	时间序列
time series analysis	时间序列分析
time series data	时间序列数据
time series prediction	时间序列预测
time-frequency	时频
time-frequency analysis	时频分析

英文关键词	中文翻译
time-frequency masking	时频掩蔽
time-frequency representation	时频表示
time-tabling and scheduling	时间规划和调度
time-varying	时变性
time-varying systems	时变系统
TIMIT	TIMIT 语料库
toeplitz matrices	托普利兹矩阵
tomography	断层扫描
tone mapping	色调映射
tone recognition	音调识别
topic identification	主题识别
topic modeling	主题建模
topic segmentation	主题划分
topology	拓扑结构
total station	全站仪
total variation	全变分
track-before-detect（TBD）	检测前跟踪（TBD）
tracking control	跟踪控制
tractography	纤维束成像
trajectory generation	轨迹生成
trajectory HMM	轨迹 HMM
trajectory model	轨迹模型
trajectory optimization	轨迹优化

续表

英文关键词	中文翻译
trajectory planning	轨迹规划
transfer function	传递函数
transfer learning	迁移学习
transform coding	变换编码
transmit beamforming	发射波束成形
transport layer security（TLS）	传输层安全性（TLS）
traveling salesman problem（TSP）	旅行商问题（TSP）
traveling thief problem（TTP）	流窜犯问题（TTP）
treewidth	树宽
triplet loss	三重损失
turbo codes	TURBO 码
turbo decoding	TURBO 解码
turn-taking	话轮转换
two-way relaying	两路中继
typology	类型学
ubiquitous computing	普适计算
ultrasonic motor（USM）	超声波马达（USM）
ultrasound imaging	超声成像
uncertainty decoding	不确定性解码
uncertainty propagation	不确定性传播
under-resourced languages	低资源语言
unified modeling language（UML）	统一建模语言（UML）
unit selection	单元选择

续表

英文关键词	中文翻译
unit sphere	单位球面
Universal Background Model（UBM）	通用背景模型（UBM）
unmanned aerial vehicle（UAV）	无人机（UAV）
unscented kalman filter（UKF）	无损卡尔曼滤波（UKF）
unsupervised	无监督
unsupervised adaptation	无监督自适应
unsupervised clustering	无监督聚类
unsupervised domain adaptation	无监督领域自适应
unsupervised feature learning	无监督特征学习
unsupervised learning	无监督学习
unsupervised speaker adaptation	无监督说话人自适应
unsupervised term discovery	无监督术语发现
unsupervised training	无监督训练
urban computing	城市计算
user behavior	用户行为
user centered design（UCD）	以用户为中心的设计（UCD）
user interaction	用户互动
user interface design	用户界面设计
user interfaces	用户界面
user modeling	用户建模
user preferences	用户偏好
user simulation	用户模拟
user study	用户研究

续表

英文关键词	中文翻译
utterance verification	话语验证
variable selection	变量选择
variable stiffness	变刚度
variational autoencoder	变分自动编码器
variational bayes	变分贝叶斯
variational bayesian inference	变分贝叶斯推理
variational inference	变异推理
variational methods	变分方法
vector quantization	矢量量化
vector space model（VSM）	向量空间模型（VSM）
vector taylor series	矢量泰勒级数
vehicle detection	车辆检测
very large scale integration（VLSI）	超大规模集成（VLSI）
video analysis	视频分析
video coding	视频编码
video compression	视频压缩
video conferencing	视频会议
video indexing	视频索引
video processing	视频处理
video segmentation	视频分割
video summarization	视频摘要
video surveillance	视频监控
view interpolation	视图插值

续表

英文关键词	中文翻译
view synthesis	视图合成
virtual agents	虚拟代理
virtual reality	虚拟现实
vision-based control	基于视觉的控制
visual analytics	视觉分析
visual attention	视觉注意力
visual features	视觉特征
visual feedback	视觉反馈
visual graphics generator（VGG）	可视图形生成器（VGG）
visual navigation	视觉导航
visual perception	视觉感知
visual saliency	视觉显著性
visual search	视觉搜索
visual servoing	视觉伺服
visual speech	视觉语音
visual speech recognition	视觉语音识别
visual speech synthesis	视觉语音合成
visual tracking	视觉追踪
visualization	可视化
viterbi	维特比
viterbi algorithm	维特比算法
viterbi decoding	维特比解码
vocal biomarkers	发声生物标志物

续表

英文关键词	中文翻译
vocal effort	声乐努力
vocal tract	声道
vocal tract length	声道长度
vocal tract length normalisation（VTLN）	声道长度归一化（VTLN）
vocal tract model	声道模型
vocoder	声码器
voice activity detection（VAD）	语音活动检测（VAD）
voice conversion	语音转换
voice morphing	Voice Morphing
voice onset time（VOT）	嗓音起始时间（VOT）
Voice over Internet Protocol（VOIP）	互联网协议语音（VOIP）
voice quality	语音质量
voice search	语音搜索
voice source	声源
voice transformation	语音变换
vowel duration	元音持续时间
vowel perception	元音感知
vowel production	元音产生
walking robot	步行机器人
wave field synthesis	波场合成
waveform design	波形设计
wavelet leaders（WLs）	小波 leaders（WLs）
wavelet transform	小波变换

续表

英文关键词	中文翻译
wavelets	小波
WaveNet	WaveNet 模型
wearable	可穿戴
wearable computing	可穿戴计算
wearable device	可穿戴设备
wearable robotics	可穿戴机器人
wearable sensing	可穿戴式感应
wearable sensors	可穿戴式传感器
wearable technology	可穿戴技术
wearables	可穿戴设备
web 2.0	web 2.0
web application	web 应用程序
web search	网络搜索
web service	网络服务
weighted finite state transducers（WFST）	加权有限状态转换器（WFST）
whispered speech	耳语音
widely linear	宽线性
wiener filter	维纳滤波器
wi-fi	无线上网
wikipedia	维基百科
winner determination	获胜者确定
wireless	无线
wireless acoustic sensor networks	无线声学传感器网络

续表

英文关键词	中文翻译
wireless communication	无线通信
wireless networks	无线网络
wireless power transfer	无线电源传输
wireless sensor network（WSN）	无线传感器网络（WSN）
word embeddings	词嵌入
word lattice	词格
word recognition	单词识别
word segmentation	分词
wordnet	词网
world wide web	万维网
XCS	XCS 格式
XCSF	XCSF
XML	XML 格式
x-ray	X 线
x-rays diffraction	X 线衍射
zero crossings	零交叉
zero frequency filtering	零频滤波
zero resource	零资源

参考文献

[1] 新华社. 我国正在加速推动人工智能产业发展［EB/OL］.（2020－06－25）［2020－09－05］. http：//www. gov. cn/xinwen/2020-06/25/content_5521854. htm.

[2] 锐观网. 中国人工智能政策汇总及发展规划汇总及解读［EB/OL］.（2020－04－05）［2020－09－05］. https：//www. reportrc. com/article/20200405/5799. html.

[3] 中国产业信息网. 2019 年中国人工智能行业市场规模分布、专利申请及投融资情况分析：人工智能行业投融资总金额伴随投融资数量下滑而急剧缩减［EB/OL］.（2020－05－10）［2020－09－06］. http：//www. chyxx. com/industry/202005/861060. html.

[4] 新浪科技. 2018 年 AI Index 报告出炉：中国论文数量暴增［EB/OL］.（2018－12－17）［2020－09－06］. https：//tech. sina. com. cn/i/2018-12-17/doc-ihqhqcir7603625. shtml.

[5] 一品知识产权. 2019 年人工智能行业技术发展现状分析：截止 19 年底专利申请达 44. 4 万件［EB/OL］.（2020－03－23）［2020－09－06］. http：//www. epbiao. com/shangbiaos/29378. html.

[6] 前瞻产业研究院. 人工智能行业发展现状分析［EB/OL］.（2020－07－14）［2020－09－06］. http：//www. elecfans. com/d/1245782. html.

[7] 新华网. 中国人工智能发展报告 2019［EB/OL］.（2019－05－24）［2020－09－07］. http：//www. xinhuanet. com/tech/2019-05/24/c_

1124539084. htm.

[8] 中国专利保护协会. 人工智能技术专利深度分析报告 [R/OL]. (2018 - 11 - 16) [2020 - 09 - 07]. http：//www. 199it. com/archives/796330. html.

[9] 王杰，马泽敏，王维霞，等. 基于 PCT 专利分析的全球人工智能产业技术发展比较研究 [J]. 中国发明与专利，2020 (8)：39 - 46.

[10] 郭芮. CSRankings 学术机构排行榜："三巨头"不可撼动，清华大学突围 AI 榜单！(CSDN) [EB/OL]. (2019 - 08 - 13) [2020 - 09 - 08]. https：//www. sohu. com/a/333515670_115128.

[11] 李德毅. 斯坦福全球 AI 报告：近十年来中国发表的论文数量增长 150% [EB/OL]. (2018 - 12 - 18) [2020 - 09 - 09]. https：//www. iyiou. com/p/87956. html.

[12] 人民网.《中国新一代人工智能发展报告 2019》发布：我国人工智能论文发文量全球领先人工智能企业数居世界第二 [EB/OL]. (2019 - 05 - 26) [2020 - 09 - 09]. http：//gov. 163. com/19/0526/08/EG3EMKTA002398HK. html.

[13] 张本甫. 我国人工智能产业发展面临五大问题亟待"求解" [EB/OL]. (2020 - 08 - 15) [2020 - 09 - 09]. http：//www. js. xinhuanet. com/2020-08/15/c_1126372368. htm.

[14] MIYAGAWA T, TAKIZAWA M, EDAMURA K. Does the stock market evaluate intangible assets? An empirical analysis using data of listed firms in Japan [C]. RIETI Discussion Paper 13-E-052，2013.

[15] 清华大学中国科技政策研究中心. 中国人工智能发展报告 2018 [R/OL]. [2020 - 09 - 07]. http：//www. clii. com. cn/lhrh/hyxx/201807/P020180724021759. pdf.

[16] 教育部. 高等学校人工智能创新行动计划 [Z/OL]. (2018 - 04 - 03) [2020 - 09 - 08]. http：//www. moe. gov. cn/srcsite/A16/s7062/201804/

t20180410_332722. html.

[17] 前瞻产业研究院.2020年中国人工智能行业市场现状及发展前景分析 未来将有望成为全球人工智能领头羊［EB/OL］.(2020－07－14)［2020－09－06］.https：//m. sohu. com/a/406058741_99922905.

[18] 前瞻网.2020—2025年四大数字技术对数字经济的影响［EB/OL］.(2020－11－23)［2020－12－06］.https：//baijiahao. baidu. com/s？id＝1684156726969702380&wfr＝spider&for＝pc.